Rahasia memasak lambat 2023

Banyak resep untuk makan dengan cara yang sehat dan bergizi

Asirwada Pradipta

Arahan

Daging Babi Panggang Herbal Crockpot 23

BAHAN-BAHAN 23

PERSIAPAN 23

Irisan bawang di dalam panci 25

BAHAN-BAHAN 25

PERSIAPAN 25

Paprika dalam pot dengan daging babi 26

BAHAN-BAHAN 26

PERSIAPAN 27

Barbekyu Daging Babi Crockpot 28

BAHAN-BAHAN 28

PERSIAPAN 29

Posole pot 30

BAHAN-BAHAN 30

PERSIAPAN 30

Daging Babi Crockpot II 31

BAHAN-BAHAN 31

PERSIAPAN 31

Daging Babi Pot - milik Joan 32

BAHAN-BAHAN 32

PERSIAPAN 32

Saya memotong daging babi dan kentang 34

BAHAN-BAHAN 34

PERSIAPAN 34

Daging babi di dalam panci 35

BAHAN-BAHAN 35

PERSIAPAN 35

Variasi 36

Casserole Pasta dan Bayam 37

BAHAN-BAHAN 37

PERSIAPAN 38

Rebusan daging babi dalam panci 39

BAHAN-BAHAN 39

PERSIAPAN 40

Daging babi goreng 41

BAHAN-BAHAN 41

PERSIAPAN 41

Resep Iga Pot 42

BAHAN-BAHAN 42

PERSIAPAN 42

Iga Asam Manis Kalengan Gaya Country 43

BAHAN-BAHAN 43

PERSIAPAN 43

Fancy Kielbasa 44

BAHAN-BAHAN 44

PERSIAPAN 45

Barbekyu Babi Selatan 46

BAHAN-BAHAN 46

PERSIAPAN 46

Hot Pot Belanda 47

BAHAN-BAHAN 47

PERSIAPAN 48

Sandwich Daging Babi Panggang Mudah 49

BAHAN-BAHAN 49

PERSIAPAN 49

Iga Panggang Panci Mudah 50

BAHAN-BAHAN 50

PERSIAPAN 50

BBQ Crockpot yang mudah 51

BAHAN-BAHAN 51

PERSIAPAN 51

Daging Babi Mudah dan Kentang Pot 52

BAHAN-BAHAN 52

PERSIAPAN 52

ham El Paso 53

BAHAN-BAHAN 53

PERSIAPAN 53

Iga pertanian 54

BAHAN-BAHAN 54

PERSIAPAN 55

Buah iga babi 56

BAHAN-BAHAN 56

PERSIAPAN 57

Bacon mengkilap di dalam tas 58

BAHAN-BAHAN 58

PERSIAPAN 58

Panggang dengan cabai hijau... 59

BAHAN-BAHAN 59

PERSIAPAN 59

Seribu babi "hijau". 60

BAHAN-BAHAN 60

PERSIAPAN 61

Itu ham 62

BAHAN-BAHAN 62

PERSIAPAN 63

Casserole ham dan keju 64

BAHAN-BAHAN 64

PERSIAPAN 64

Ham dalam sari 66

BAHAN-BAHAN 66

PERSIAPAN 67

Ham di dalam panci 68

BAHAN-BAHAN 68

PERSIAPAN 68

Bacon dan Hash Brown 69

BAHAN-BAHAN 69

PERSIAPAN 69

Casserole Bacon dan Mie 70

BAHAN-BAHAN 70

PERSIAPAN 71

Kentang Bacon & Parmesan 72

BAHAN-BAHAN 72

PERSIAPAN	73
Flan ham dan sayuran	74
BAHAN-BAHAN	74
PERSIAPAN	75
Ham dalam saus persik	76
BAHAN-BAHAN	76
PERSIAPAN	77
Tetrazzini dengan ham	78
BAHAN-BAHAN	78
PERSIAPAN	78
Selamat Tahun Baru Babi	80
BAHAN-BAHAN	80
PERSIAPAN	80
Babi Panggang Hawaii	81
BAHAN-BAHAN	81
PERSIAPAN	81
Kacang Hangat dengan Daging Sapi dan Sosis	82
BAHAN-BAHAN	82
PERSIAPAN	82
Holly adalah Kielbas termudah yang pernah ada	84
BAHAN-BAHAN	84

PERSIAPAN 84

Keripik Chipotle Madu 85

BAHAN-BAHAN 85

PERSIAPAN 86

Tenderloin Babi Madu Dijon 87

BAHAN-BAHAN 87

PERSIAPAN 88

Ham berlapis madu 89

BAHAN-BAHAN 89

PERSIAPAN 89

Iga Berlapis Madu 90

BAHAN-BAHAN 90

PERSIAPAN 91

Ham, madu, dan sayuran 92

BAHAN-BAHAN 92

PERSIAPAN 92

Tenderloin babi dengan mustard madu 94

BAHAN-BAHAN 94

PERSIAPAN 94

Hot dog dan bacon roll 96

BAHAN-BAHAN 96

PERSIAPAN 96

Sandwich ham dan asparagus panas 96

BAHAN-BAHAN 96

PERSIAPAN 97

Daging Babi Pedas dan Pedas 98

BAHAN-BAHAN 98

PERSIAPAN 98

Gulungan kubis Hungaria 100

BAHAN-BAHAN 100

PERSIAPAN 101

Kubis pemburu 102

BAHAN-BAHAN 102

PERSIAPAN 103

goulash 104

BAHAN-BAHAN 104

PERSIAPAN 105

babi Indonesia 106

BAHAN-BAHAN 106

PERSIAPAN 106

babi pulau 108

BAHAN-BAHAN 108

PERSIAPAN 109

Sosis Italia dengan spageti 110

BAHAN-BAHAN 110

PERSIAPAN 111

Tenderloin Babi Berbumbu Jamaika 112

BAHAN-BAHAN 112

PERSIAPAN 113

Crockpot Chops Janet 114

BAHAN-BAHAN 114

PERSIAPAN 114

Kubis Kielbasa 115

BAHAN-BAHAN 115

PERSIAPAN 115

Casserole Kielbasa 116

BAHAN-BAHAN 116

PERSIAPAN 116

Knockwurst dan kubis 117

BAHAN-BAHAN 117

PERSIAPAN 117

Sosis dan apel rendah lemak 118

BAHAN-BAHAN 118

PERSIAPAN 118

Keripik Maple dan Madu 119

BAHAN-BAHAN 119

PERSIAPAN 119

Babi Meksiko dan Kacang Hitam 120

BAHAN-BAHAN 120

PERSIAPAN 121

Makan Malam Milwaukee Manis dan Manis 122

BAHAN-BAHAN 122

PERSIAPAN 123

mostaccioli 124

BAHAN-BAHAN 124

PERSIAPAN 125

Mustard Glazed Ham 126

BAHAN-BAHAN 126

PERSIAPAN 127

Babi Bar-BQ Myron 128

BAHAN-BAHAN 128

PERSIAPAN 129

Iga Myron Cina 130

BAHAN-BAHAN 130

PERSIAPAN 130

Iga gaya negara saya 131

BAHAN-BAHAN 131

PERSIAPAN 131

Babi Panggang Asia Myron 132

BAHAN-BAHAN 132

PERSIAPAN 132

Daging Babi "BBQ" Hari Hujan NC 133

BAHAN-BAHAN 133

PERSIAPAN 133

Daging babi panggang dengan jeruk 135

BAHAN-BAHAN 135

PERSIAPAN 136

Daging Babi Sempurna Paige 137

BAHAN-BAHAN 137

PERSIAPAN 137

Babi Paprika 139

BAHAN-BAHAN 139

PERSIAPAN 140

Saus dengan sosis dan tomat kering 141

BAHAN-BAHAN 141

PERSIAPAN 141

Steak babi dalam buah persik 143

BAHAN-BAHAN 143

PERSIAPAN 143

Daging babi pinggang dengan nanas 145

BAHAN-BAHAN 145

PERSIAPAN 146

Daging babi panggang dengan makan malam nanas 147

BAHAN-BAHAN 147

PERSIAPAN 148

Nanas - Babi dengan Kastrati 149

BAHAN-BAHAN 149

PERSIAPAN 149

Daging babi yang diasinkan nanas 150

BAHAN-BAHAN 150

PERSIAPAN 150

Pizza dengan kentang di dalam panci 151

BAHAN-BAHAN 151

PERSIAPAN 152

Daging babi perkebunan 153

BAHAN-BAHAN 153

PERSIAPAN 154

Daging babi dan nasi yang enak 155

BAHAN-BAHAN 155

PERSIAPAN 156

Daging babi dan kacang mete 157

BAHAN-BAHAN 157

PERSIAPAN 157

Babi cabai 158

BAHAN-BAHAN 158

PERSIAPAN 159

Makan malam daging babi dengan sayuran 160

BAHAN-BAHAN 160

PERSIAPAN 161

Daging babi tertinggi 162

BAHAN-BAHAN 162

PERSIAPAN 162

Daging babi isi 163

BAHAN-BAHAN 163

• ••• Pork Gosok ••• 163

PERSIAPAN 164

Babi Marengo 165

BAHAN-BAHAN 165

PERSIAPAN 166

Tenderloin Babi Kreol 167

BAHAN-BAHAN 167

PERSIAPAN 167

Fillet daging babi dengan isian buah 167

BAHAN-BAHAN 167

PERSIAPAN 168

Fillet babi dengan paprika 169

BAHAN-BAHAN 169

PERSIAPAN 169

Daging babi tenderloin dan ubi jalar 171

BAHAN-BAHAN 171

PERSIAPAN 172

Kraut 'N Apel Polandia 173

BAHAN-BAHAN 173

PERSIAPAN 174

Daging babi dengan sayuran Cina 175

BAHAN-BAHAN 175

PERSIAPAN 176

Daging Babi Abracadabra 177

BAHAN-BAHAN 177

PERSIAPAN 177

Saya memotong daging babi di casserole 178

BAHAN-BAHAN 178

PERSIAPAN 178

Saya memotong babi romantis 179

BAHAN-BAHAN 179

PERSIAPAN 180

Daging babi dan isian cranberry 181

BAHAN-BAHAN 181

PERSIAPAN 181

Daging Babi - Panci Kuali 182

BAHAN-BAHAN 182

PERSIAPAN 182

Daging babi (panci) 183

BAHAN-BAHAN 183

PERSIAPAN 183

Daging babi di dalam panci 184

BAHAN-BAHAN 184

PERSIAPAN 185

Daging babi dengan apel 186

BAHAN-BAHAN 186

PERSIAPAN 186

Daging babi dan kentang 187

BAHAN-BAHAN 187

PERSIAPAN 188

Daging babi dengan saus jeruk dan cranberry 189

BAHAN-BAHAN 189

PERSIAPAN 189

Daging babi pinggang dengan labu dan ubi jalar 190

BAHAN-BAHAN 190

PERSIAPAN 190

Daging babi dengan saus mustar jeruk 191

BAHAN-BAHAN 191

PERSIAPAN 192

Babi panggang dengan ubi jalar 193

BAHAN-BAHAN 193

PERSIAPAN 193

Casserole Enchilada Babi 194

BAHAN-BAHAN 194

PERSIAPAN 195

Iga babi gaya pedesaan 196

BAHAN-BAHAN 196

PERSIAPAN 196

Iga babi dan sauerkraut 197

BAHAN-BAHAN 197

PERSIAPAN 197

Daging babi dan asinan kubis 198

BAHAN-BAHAN 198

PERSIAPAN 198

Casserole daging babi, asinan kubis, dan jelai 200

BAHAN-BAHAN 200

PERSIAPAN 201

Steak babi dalam casserole 202

BAHAN-BAHAN 202

PERSIAPAN 202

Rebusan daging babi dengan jus apel 203

BAHAN-BAHAN 203

PERSIAPAN 204

Rebusan daging babi dengan ubi jalar 205

BAHAN-BAHAN 205

PERSIAPAN 205

Daging babi tenderloin dengan apel 207

BAHAN-BAHAN	207
PERSIAPAN	207
Rebusan daging babi dan tomat	208
BAHAN-BAHAN	208
PERSIAPAN	209
Daging babi panggang	210
BAHAN-BAHAN	210
PERSIAPAN	211
Pozole Jeff	212
BAHAN-BAHAN	212
PERSIAPAN	212
Iga merah yang dimasak	213
BAHAN-BAHAN	213
PERSIAPAN	214
saus babi	215
BAHAN-BAHAN	215
PERSIAPAN	215
Sosis Italia yang nakal	216
BAHAN-BAHAN	216
PERSIAPAN	217
Filet dengan apel dan madu nakal	218

BAHAN-BAHAN 218

PERSIAPAN 219

Daging Babi Panggang Herbal Crockpot

BAHAN-BAHAN

-
- 4 siung bawang putih besar, dipotong-potong
- 1 ekor babi panggang, tanpa tulang, sekitar 4-5 kg
- 1 sendok teh garam
- 1 sendok teh daun thyme kering
- 1/2 sendok teh daun sage kering, dihaluskan
- 1/4 sendok teh daun rosemary kering, dihaluskan
- 1/4 sendok teh tarragon kering, hancur, seperti yang diinginkan
- sejumput cengkeh atau merica
- 1 sendok teh parutan kulit lemon, sesuai keinginan
- 1/3 cangkir air
- 3 sendok tepung maizena, sesuai keinginan
- 3 sendok air, sesuai keinginan

PERSIAPAN

1. Potong 16 kantong kecil di panggang dan masukkan irisan bawang putih. Dalam mangkuk kecil, campurkan garam, herba, dan kulit lemon. Oleskan campuran bumbu ke dalam loyang.
2. Tuang 1/2 gelas air ke dalam slow cooker; tambahkan kue. Tutup dan masak dengan suhu RENDAH selama 8-10 jam. Daging babi panggang harus membaca setidaknya 145° pada termometer yang dapat dibaca secara instan.

3. Jika diinginkan, kentalkan jus. Hapus panggang dari jus. Campurkan tepung maizena dengan 3 sendok makan air; aduk hingga rata, lalu tambahkan ke dalam kaldu.
4. Masak dengan TINGGI sampai mengental. Sajikan dengan babi panggang.
5. Melayani 8.

Irisan bawang di dalam panci

BAHAN-BAHAN

- 4 atau 6 daging babi
- 1 kantong campuran sup bawang
- 1/2 gelas air
- kentang
- Bawang
- wortel

PERSIAPAN

1. Masukkan potongan daging babi ke dalam panci. Gerimis campuran sup di sekitar dan di tengah. Tambahkan air. Tambahkan bawang bombay, kentang dan wortel kupas, sesuai selera. Masak dengan TINGGI selama 3 1/2 hingga 4 jam atau RENDAH selama 6 hingga 8 jam.
2. Porsi 4 sampai 6.

Paprika dalam pot dengan daging babi

BAHAN-BAHAN

- Iga babi gaya pedesaan 3 sampai 4 pon, tanpa tulang
- 1/3 cangkir tepung serbaguna
- 4 sendok teh paprika Hungaria
- 1/2 sendok teh garam
- Merica
- 1 atau 2 sendok makan minyak sayur
- 1 bawang besar, dibelah dua, iris
- 1/2 cangkir kaldu ayam
-
1/2 cangkir krim asam

PERSIAPAN

1. Cuci daging babi dan keringkan. Campurkan tepung, paprika, garam, dan merica dalam tas belanjaan. Tempatkan daging babi di dalam tas dan tutup dengan hati-hati.
2. Panaskan minyak sayur dalam wajan besar di atas api sedang-tinggi. Tambahkan daging babi dan bawang; goreng selama sekitar 5-6 menit, balikkan iga babi sekali hingga kecokelatan di kedua sisi. Atur daging babi dan bawang goreng dalam slow cooker berukuran 5 hingga 7 liter. Tuang kaldu ayam ke dalam wajan panas dan buang bagian emasnya; tuangkan di atas daging babi.
3. Tutup dan didihkan dengan api kecil selama 6-8 jam. Angkat daging babi dan tetap hangat.
4. Tuang jus ke dalam panci dan letakkan di atas api sedang. Didihkan selama 5-8 menit, hingga berkurang sekitar 1/4 hingga 1/3. Angkat dari api dan campur yogurt; sajikan saus dengan daging babi.
5. Porsi 4 sampai 6.

Barbekyu Daging Babi Crockpot

BAHAN-BAHAN

- 1 bahu babi segar, 5 sampai 7 pon
- 1 sendok makan garam
- 2 sendok gula
- Merica untuk rasa
- 1 1/4 cangkir cuka
- 1/2 cangkir saus tomat
- 1/2 cangkir saus barbekyu
- 1 1/2 sendok makan paprika merah yang dihancurkan
- Sesendok saus pedas

PERSIAPAN

1. Masukkan daging babi ke dalam slow cooker. Bumbui bahu babi dengan garam dan merica dan tambahkan cuka. Tutup dan masak pada RENDAH 9-12 jam. Angkat dari panci dan keluarkan daging dari tulangnya. Saring cairannya, buang lemak berlebih, dan sisakan 1 1/2 hingga 2 cangkir. Tambahkan sisa bahan. Campur dengan daging cincang dan kembali ke panci. Tutup dan masak dengan RENDAH selama 1 hingga 2 jam lagi. Naik dengan baik.

Posole pot

BAHAN-BAHAN

- 1 hingga 1 1/2 pon Iga Babi Tanpa Tulang Gaya Country
- 1 c. bawang cincang
- 1 kaleng (sekitar 15 ons) bubur jagung putih
- 1 kaleng (sekitar 15 ons) bubur jagung kuning
- 1 (14,5 ons) kaleng tomat utuh
- 1 siung bawang putih cincang
- 2 sendok. bubuk cabai
-

1 sendok teh. garam

-

1/2 sdt. Timi

PERSIAPAN

1. Potong tulang menjadi kubus; goreng daging babi dalam wajan dengan minyak mendidih. Tambahkan bawang dan goreng; tiriskan lemaknya. Campurkan daging babi, bawang, dan bahan lainnya dalam panci. Masak dengan api kecil selama 6 1/2 - 8 1/2 jam.

Daging Babi Crockpot II

BAHAN-BAHAN

- 4 sampai 6 potong daging babi
- 1 kaleng (10 3/4 ons) krim jamur, seledri, atau krim kental lainnya
-

1/2 cangkir saus tomat

PERSIAPAN

1. Lapisan Daging Babi Crock Pot. aduk sup dan saus tomat bersama. Tutup dan masak dengan suhu RENDAH selama 7-9 jam.

Daging Babi Pot - milik Joan

BAHAN-BAHAN

- 8 daging babi tanpa tulang
- 6 buah bawang bombay ukuran besar, kupas dan iris tipis
- 2 sendok teh garam
- 1 sendok teh lada
- 1 c. Sup ayam
- Dari 1/4 sampai 1/2 c. anggur putih kering atau sherry
- 1/4 cangkir kucai segar cincang atau peterseli segar cincang

PERSIAPAN

1. Hapus kelebihan lemak dari tulang rusuk. Dengan menggunakan wajan besar atau wajan anti lengket, masak irisan bawang dengan api sedang, usahakan agar tidak pecah menjadi cincin. Buang irisan bawang ke piring besar; untuk mengesampingkan.
2. Nyalakan api sedang-tinggi dan bakar setiap potongan selama sekitar 2 menit di setiap sisi. Setelah membalik setiap potongan, taburi dengan sejumput garam dan lada hitam yang baru digiling. Angkat daging babi ke piring besar.
3. Matikan api; tambahkan kaldu dan anggur ke dalam wajan dan kikis jus wajan dan sisa potongan kecoklatan.
4. Atur bawang dan irisan daging dalam slow cooker, dimulai dan diakhiri dengan irisan bawang; tambahkan cairan.
5. Tutup dan masak dengan suhu RENDAH selama 7-9 jam.

6. Taburi dengan daun bawang cincang atau peterseli sebelum disajikan.
7. Porsi 6 sampai 8.

Saya memotong daging babi dan kentang

BAHAN-BAHAN

- Daging babi, iga, atau steak tanpa tulang setebal 4 sampai 6 (3/4 sampai 1 inci)
- 1/4 cangkir tepung, dibumbui dengan garam dan merica
- 2-3 sendok minyak sayur
- 3 sendok makan sherry kering atau anggur putih, sesuai keinginan
- 1 toples saus Alfredo (16 ons)
- 3 kentang panggang ukuran besar di iris tipis
- 1 1/2 cangkir cincang kacang hijau segar atau beku
- Garam dan merica secukupnya

PERSIAPAN

1. Lapisi iga dengan campuran tepung. Panaskan minyak sayur dalam wajan besar di atas api sedang-tinggi. Tambahkan bawang dan masak sampai lunak. Tambahkan daging babi; coklat di kedua sisi. Buang daging dan bawang ke piring; untuk mengesampingkan. Dengan wajan panas dari api, tambahkan sherry dan kendurkan bagian yang kecokelatan dengan spatula. Sebagian besar anggur akan matang dengan cepat.
2. Olesi bagian samping dan bawah slow cooker berukuran 3 1/2 quart atau lebih besar.
3. Tempatkan kentang, taburi sedikit dengan garam dan merica. Tempatkan kacang hijau di atas kentang. Pindahkan iga dan bawang goreng ke slow cooker dan tuangkan saus dari wajan ke atas iga. Gerimis saus Alfredo di atas segalanya. Tutup dan didihkan dengan api kecil selama 7-8

jam. Cicipi dan sesuaikan bumbu. Resep Pork Chop Untuk 4 hingga 6 Pork.

Daging babi di dalam panci

BAHAN-BAHAN

- 4 sampai 6 daging babi, bertulang atau tanpa tulang
- garam halal dan lada hitam yang baru digiling, secukupnya
- 2-3 sendok tepung serbaguna
- 2 sendok makan minyak zaitun extra virgin
- 1 buah persik besar (29 ons) dapat dibelah dua atau diiris dalam sirup ringan
- 1 kaleng (8 ons) saus tomat
- 1/4 cuka sari
- 1/4 cangkir gula cokelat terang atau gelap, dikemas
- 1/4 sendok teh bubuk kayu manis
- 1/8 sendok teh cengkeh

PERSIAPAN

1. Tempatkan daging babi di atas selembar kertas perkamen atau kertas perkamen. Taburi kedua sisi sedikit dengan garam dan lada hitam yang baru ditumbuk. Debu ringan dengan tepung.
2. Dalam wajan besar, berat, atau tumis di atas api sedang-tinggi; tambahkan minyak zaitun.
3. Saat minyak zaitun panas, atur daging babi di wajan. Masak selama sekitar 3 menit di setiap sisi, atau sampai berwarna cokelat keemasan. Pindahkan daging babi ke slow cooker.

4. Saring sirup persik ke dalam mangkuk dan sisihkan. Atur buah persik di atas iga babi.
5. Dalam mangkuk sedang, campurkan 1/4 cangkir sirup persik dengan saus tomat, cuka, gula merah, kayu manis, dan cengkeh. Kocok agar tercampur rata.
6. Tuang campuran saus di atas buah persik dan daging babi di slow cooker.
7. Tutup dan masak dengan suhu RENDAH selama 4-6 jam, atau sampai daging babi empuk dan matang sesuai keinginan Anda (lihat Catatan Keamanan Pangan, di bawah).

Variasi

1. Gunakan saus barbekyu favorit Anda dalam campuran saus dan hilangkan saus tomat dan cengkeh. Anda akan mendapatkan rasa berasap yang enak dengan saus barbekyu.
2. Setelah daging babi berwarna kecokelatan, tambahkan sekitar 1 cangkir irisan bawang merah dan paprika. Tumis sampai bawang bombay hanya bening dan tambahkan daging babi ke dalam slow cooker bersama dengan buah persik.

Casserole Pasta dan Bayam

BAHAN-BAHAN

- 1 (10 ons) konfi. bayam cincang
- 1 (8 ons) conf. mie pasta twist twist
- 1 pon daging giling tanpa lemak
- 1/2 pon sosis Italia
- 1 bawang bombay cincang halus
- 2 sendok makan. minyak
- 2 (8 ons) kaleng saus tomat
- 1 sendok teh. garam
- 1 sendok teh. Oregano
- 1/2 c. Parmesan
- 1 c. (4 ons) keju Monterey Jack parut
- 4 bawang hijau, cincang

PERSIAPAN

1. Cairkan bayam dan peras dengan baik. Masak mie dalam air asin mendidih hingga empuk. Tiriskan. Goreng daging dan bawang dalam minyak sampai hancur; menguras kelebihan lemak. Tambahkan saus tomat, garam, dan oregano. Tutup dan didihkan selama 30 menit; tambahkan bayam. Balikkan panci setelah melapisi bagian bawah dan samping. Tuang setengah dari mie ke dalam panci yang sudah diolesi minyak. Taburi dengan setengah dari campuran daging dan setengah dari Parmesan.
2. Tutupi dengan lapisan sisa pasta, daging, dan parmesan. Taburi dengan keju Jack dan daun bawang. Masak dengan daya maksimum selama satu jam.
3. Melayani 8.

Rebusan daging babi dalam panci

BAHAN-BAHAN

- 1 1/2 pon daging babi tanpa tulang, potong-potong berukuran 1 inci
- 3 wortel ukuran sedang, potong-potong berukuran 1 inci
- 1/2 cangkir bawang cincang
- 4 cangkir kaldu ayam
- 1 1/2 cangkir kentang potong dadu berukuran 1/2 inci
- 1 1/2 cangkir kupas butternut squash potong dadu berukuran 1 inci
- 1/2 sendok teh garam
- 1/2 sendok teh merica
- 3 sendok makan tepung serbaguna
- 3 sendok makan mentega, dilunakkan

PERSIAPAN

1. Campurkan semua bahan kecuali tepung dan margarin dalam panci berukuran 4 hingga 6 liter.
2. Tutup dan masak dengan RENDAH selama 8 jam (atau TINGGI selama 4 jam), atau sampai daging babi tidak lagi berwarna merah muda dan sayuran empuk.
3. Campurkan tepung dan margarin; aduk hingga rata. Aduk campuran tepung, 1 sendok makan sekaligus, ke dalam campuran daging babi sampai tercampur.
4. Tutup dan didihkan dengan api besar selama 30-45 menit lagi, aduk sesekali, sampai mengental.
5. Menyajikan 6.

Daging babi goreng

BAHAN-BAHAN

- daging babi panggang, sekitar 4 kg
- 2 bawang sedang, iris tipis
- 1 1/2 gelas air
- 1 botol (16 ons) saus barbekyu atau 2 cangkir saus buatan sendiri
-

1 cangkir bawang cincang

PERSIAPAN

1. Tempatkan setengah dari bawang yang diiris tipis di bagian bawah slow cooker; tambahkan daging babi dan air, bersama dengan sisa irisan bawang. Tutup dan masak dengan api kecil selama 8-10 jam atau 4-5 jam dengan api besar. Tiriskan cairan dari slow cooker; Potong daging menjadi beberapa bagian dan buang lemak berlebih. Kembalikan daging babi ke slow cooker. Tambahkan saus barbekyu dan bawang cincang. Tutup dan masak dengan RENDAH selama 4-6 jam lagi. Aduk sesekali.
2. Sajikan dengan sandwich hangat dan coleslaw.
3. Porsi 8 sampai 10.

Resep Iga Pot

BAHAN-BAHAN

- 3-4 kg tulang rusuk
- 1/2 sendok teh garam
- 1/2 sendok teh merica
- 1 irisan bawang bombay
- 1 16 ons botol saus barbekyu

PERSIAPAN

1. Taburi iga dengan garam dan merica. Tempatkan iga di wajan di bawah panggangan selama 15 menit hingga berwarna cokelat. Tempatkan irisan bawang dalam panci. Potong iga menjadi beberapa bagian dan masukkan ke dalam panci. Tuang saus barbekyu. menutupi; masak dengan api kecil selama 8-10 jam (tinggi selama 4-5 jam). 3-4 porsi.

Iga Asam Manis Kalengan Gaya Country

BAHAN-BAHAN

- 1 1/2 sampai 2 pon tulang rusuk utama tanpa tulang gaya pedesaan
- 1 sendok teh bubuk bawang
- 1/2 sendok teh kekuatan bawang putih
- garam dan merica
- .

Saus:

- 3 sendok cuka
- 3 sendok tepung maizena
- 1/2 cangkir gula
- 1 sendok kecap asin, sedikit garam
- 1 paprika besar, potong-potong berukuran 1 inci

PERSIAPAN

1. Tempatkan iga dalam slow cooker; tambahkan bubuk bawang merah, bubuk bawang putih dan taburi dengan garam dan merica. Tutup dan masak dengan RENDAH selama 5 jam. Tiriskan jus. Campurkan bahan saus atau gunakan sekitar 1/2 cangkir saus asam manis yang dibeli di toko dengan paprika; tuangkan di atas daging babi. Tutup dan masak selama 2 hingga 3 jam lagi. Porsi 6 sampai 8.

Fancy Kielbasa

BAHAN-BAHAN

- 1/2 pon daging giling tanpa lemak
- 1 pon kielbasa atau sosis asap, diiris setebal 1/2 inci
- 1 (28 ons) kaleng tomat, tidak dikeringkan
- 1 1/2 sampai 2 cangkir kacang Perancis beku
- 1 kaleng buah zaitun matang, kira-kira 6 ons, tiriskan
- 1/2 gelas anggur merah kering
- 3 siung bawang putih cincang
- 1 buah bawang bombay potong-potong dan bagi menjadi lingkaran
- 1 paprika hijau sedang, cincang
- 1 sendok teh daun kemangi kering, cincang
- 1 sendok teh oregano kering, cincang
- 1/2 sendok teh daun thyme kering dan cincang
- 1/4 sendok teh lada hitam bubuk
- 1 pon pasta pilihan Anda
- 4 ons keju Parmesan yang baru diparut

PERSIAPAN

1. Dalam wajan sedang, kecokelatan daging cincang tanpa lemak. Saat kecoklatan, pindahkan ke slow cooker. Tambahkan semua bahan lainnya kecuali pasta dan parmesan. Tutup dan didihkan dengan api kecil selama 6-8 jam. Masak pasta sesuai petunjuk. Untuk menyajikannya, sendokkan kielbasa di atas pasta dalam mangkuk besar. Berikan parmesan untuk hiasan.

Barbekyu Babi Selatan

BAHAN-BAHAN

- 4 sampai 5 pon bahu babi panggang (kepala)
- 2 bawang besar, iris
- 4 sampai 6 siung utuh
- 2 gelas air
- 1 botol (16 ons) saus barbekyu, pilihan Anda
- 1 bawang besar, cincang, kira-kira 1 cangkir
- sandwich split besar, dipanggang atau dipanaskan kembali

PERSIAPAN

1. Tempatkan setengah dari irisan bawang di bagian bawah slow cooker. Masukkan daging babi panggang, cengkih, dan air. Tambahkan sisa irisan bawang bombay. Tutup dan masak selama 8 hingga 12 jam dengan RENDAH. Buang tulang dan lemak dari daging. Buang bawang bombay, cengkih, dan air. Potong daging dan masukkan kembali ke dalam panci. Tambahkan bawang cincang dan saus barbekyu. Masak lagi 2 1/2 hingga 4 jam dengan RENDAH, sering diaduk agar tidak gosong.
2. Sajikan dalam porsi besar dan terbagi.
3. Menghasilkan sekitar 12-16 porsi.

Hot Pot Belanda

BAHAN-BAHAN

- 2 kg bahu babi tanpa tulang, potong dadu
- 1/4 cangkir tepung serbaguna
- 1 sendok makan garam
- 1 sendok teh daun thyme kering dan dihancurkan
- 1 sendok teh biji ketumbar cincang
- 1/4 sendok teh lada hitam
- 1 kaleng (15 ons) kacang pinto, merah atau putih, dengan cadangan cairan
- air mendidih atau kaldu ayam
- 4 kentang sedang dipotong menjadi irisan 1/4" (merah, putih bulat, kentang baru atau varietas berlilin lainnya)
- 4 bawang sedang, iris
- 6 buah wortel dipotong-potong berukuran 4".
- 2 sendok makan mentega

PERSIAPAN

1. Hapus lemak yang terlihat dari daging babi. Kami melewati kubus babi dengan tepung sehingga tepungnya baik.
2. Campurkan garam, timi, biji ketumbar cincang, dan merica; Menyimpan.
3. Saring cairan dari kacang ke dalam gelas ukur 2 cangkir; tambahkan air mendidih untuk membuat 1-1/2 gelas.
4. Atur sayuran dan potongan daging babi dalam slow cooker dengan urutan sebagai berikut, taburi setiap lapisan dengan campuran bumbu: masing-masing setengah dari kentang, bawang, daging babi, kacang-kacangan, dan wortel.
5. Ulangi dengan sisa campuran sayuran, daging babi dan bumbu untuk lapisan kedua.
6. Tuang cairan di atasnya; dot dengan mentega.
7. Tutup dan didihkan dengan api kecil selama 8 jam atau panas tinggi selama 4 jam atau sampai daging dan sayuran empuk.

Sandwich Daging Babi Panggang Mudah

BAHAN-BAHAN

- 1 daging bahu babi panggang tanpa tulang, kira-kira 2 1/2 sampai 3 pon
- 1 cangkir bawang cincang
- 1 botol (12 ons) saus barbekyu, favorit Anda
- 3-4 sendok madu atau sesuai selera
- sejumput cabai
- sandwich sandwich
- Saus kubis, sesuai keinginan

PERSIAPAN

1. Tempatkan daging babi panggang dalam slow cooker berukuran 3 1/2 hingga 5 quart yang dilumuri sedikit.
2. Campurkan bawang bombay, saus barbekyu, madu, dan cabai; tuangkan di atas daging panggang.
3. Tutup dan masak dengan suhu RENDAH selama 7-9 jam.
4. Sajikan di atas sandwich, jika diinginkan, taburi dengan salad.

Iga Panggang Panci Mudah

BAHAN-BAHAN

- tulang rusuk 3-4 pon

- sepanci besar air

- toples saus barbekyu

PERSIAPAN

1. Saya selalu memasak iga di kuali. Mereka mudah dan enak. Beli satu paket besar iga 3-4 pon. Saya merebusnya dalam panci besar berisi air (sekitar 45 menit hingga 1 jam), lalu tiriskan dan letakkan iga di dalam panci tempayan. Lalu saya tuangkan ke dalam toples saus barbekyu dan masak dengan RENDAH selama sekitar 8 jam. Mereka keluar setiap saat.

BBQ Crockpot yang mudah

BAHAN-BAHAN

- 1 daging babi panggang (bahu, pantat, piknik segar), sekitar 4 pon
- 1 bawang besar, iris
- 4 sampai 6 siung bawang putih, cincang
- 1 botol (sekitar 16 ons) saus barbekyu favorit Anda

PERSIAPAN

1. Goreng daging babi dalam wajan dengan sedikit minyak. Kupas dan potong 1 bawang besar. Tempatkan setengah dari bawang di bagian bawah pot. Tempatkan daging panggang dalam panci dan tambahkan 1/2 gelas air. Tambahkan sisa bawang merah dan bawang putih. Tutup dan masak dengan api kecil selama 9 hingga 11 jam; angkat daging dan biarkan cukup dingin untuk dipegang. Tuang bawang dan jus ke dalam panci atau slow cooker. Potong daging panggang menjadi potongan-potongan kecil atau sobek dengan garpu. Kembali ke panci tempayan dan tambahkan secangkir atau lebih saus barbekyu (sampai cair, sebanyak yang Anda suka).
2. Lanjutkan memasak dengan RENDAH selama 1 1/2-3 jam, atau sampai bumbu tercampur.
3. Sajikan daging babi yang ditarik di atas gulungan dan gerimis dengan sisa saus barbekyu.
4. Porsi 8 sampai 10.

Daging Babi Mudah dan Kentang Pot

BAHAN-BAHAN

- 1 kotak kentang tumbuk dengan keju, termasuk bahan-bahan yang diperlukan untuk persiapan
- 3/4 cangkir keju cheddar parut
- 4 sampai 6 potong daging babi

PERSIAPAN

1. Ikuti petunjuk pada kotak untuk menyiapkan kentang. Tambahkan 3/4 cangkir keju Cheddar tajam ke dalam campuran. Pindahkan campuran kentang ke panci yang disemprot dengan semprotan anti lengket. Tempatkan daging babi di atas kentang. Tutup dan masak selama 6 jam dengan api kecil.
2. Melayani 4.

ham El Paso

BAHAN-BAHAN

-
- 3 cangkir daging asap yang sudah dipotong dadu
- 2 cangkir (8 ons) parutan keju Monterey Jack atau campuran keju Meksiko
- 1 kaleng (8 ons) saus tomat
- 1 kaleng (4 ons) cabai hijau, dibuang bijinya dan dicincang
- 1 bawang sedang, cincang halus
- beberapa tetes saus pedas di dalam botol
- 1 loyang roti jagung yang baru dipanggang, potong-potong

PERSIAPAN

1. Dalam panci, campurkan daging asap, keju, saus tomat, paprika hijau, bawang merah, dan saus cabai. Tutup dan masak dengan RENDAH selama 2 jam. Bagilah irisan roti jagung hangat; tuangkan campuran bacon ke bagian bawah, lalu tutupi dengan bagian atas irisan roti jagung dan sisa campuran bacon. Porsi 6 sampai 8.

Iga pertanian

BAHAN-BAHAN

- 2 1/2 sampai 3 pon iga babi gaya pedesaan, tanpa tulang
- 1 sendok makan. minyak
- 1 bawang besar, dipotong-potong dan diiris setebal 1/4 sampai 1/2 inci
- .
- Saus:
- 1/3 cangkir kecap rendah sodium
- 1/2 cangkir saus tomat
- 1 sendok makan. mustard yang sudah disiapkan
- 3 sendok makan. gula merah
- 2 siung bawang putih cincang
- Sejumput lada hitam
- 2 sdm. cuka sari apel
-

1 sendok teh biji seledri

PERSIAPAN

1. Hapus kelebihan lemak dari tulang rusuk Anda. Dalam wajan besar, goreng iga dengan minyak; pindahkan ke slow cooker. Tempatkan irisan bawang di atas iga babi. Campurkan semua bahan yang tersisa; atasnya dengan irisan daging dan bawang. Tutup dan didihkan dengan api kecil selama 8-10 jam.
2. Menyajikan 6.

Buah iga babi

BAHAN-BAHAN

- 4 daging babi tanpa tulang atau tulang, sekitar 3/4 sampai 1 inci tebalnya
- 1/2 sendok teh garam
- 1 sejumput merica
- 1 sendok mustard yang sudah disiapkan
- 2 sendok makan cuka anggur
- 1/8 sendok teh thyme atau tarragon kering
- 1 kaleng (17oz) koktail buah, sirup saring, dipesan
- 2 sendok tepung maizena
- 2 sendok air dingin
- nasi panas untuk 4 orang

PERSIAPAN

1. Taburi daging babi dengan garam dan merica. Tempatkan dalam slow cooker atau crockpot. Campurkan mustard, cuka, dan thyme atau tarragon. Saring koktail buah; tambahkan 1/2 cangkir sirup buah ke dalam campuran mustard. Tuangkan potongan daging babi ke dalam panci. Tutup dan masak dengan RENDAH selama 5-7 jam, atau sampai daging babi empuk.
2. Hapus daging babi dan tetap hangat; putar pot ke TINGGI. Larutkan tepung maizena di dalam air; aduk dalam panci. Tambahkan koktail buah tegang; tutup dan didihkan dengan api besar selama sekitar 20 menit.
3. Tuang saus buah di atas daging dan sajikan di atas nasi.

Bacon mengkilap di dalam tas

BAHAN-BAHAN

- 1 ham kalengan, 5 pon
- 1/4 cangkir selai jeruk
- 1 sendok makan Dijon atau mustard pedas yang kental
-

1 kantong kue besar

PERSIAPAN

1. Keluarkan ham dari kaleng dan bilas agar-agar yang menempel pada daging. Tempatkan bacon di dalam tas memasak. Olesi bagian atas ham dengan campuran selai dan mustard. Tutup amplop dengan zip tie. Tempatkan tas di dalam slow cooker, lalu buat 4 lubang di bagian atas agar uap bisa keluar. Tutup dan didihkan dengan api kecil selama 6-8 jam.
2. Sajikan ham dengan saus selai.

Panggang dengan cabai hijau

BAHAN-BAHAN

- 1 daging babi panggang ukuran sedang
- 2 kaleng (masing-masing 4 ons) cabai hijau muda, dicincang
- 2 kaleng (masing-masing 14,5 ons) potong dadu tomat
- 1 cangkir bawang cincang
- 1/2 - 1 kecil (4 ons) kaleng jalapeños panas (opsional)
- Garam dan merica secukupnya

PERSIAPAN

1. Tutupi daging panggang dengan air dalam slow cooker dan didihkan semalaman atau sekitar 8 jam. Biarkan dingin. Pisahkan daging dari tulangnya dan potong kecil-kecil. Tambahkan daging, tomat, cabai, dan bawang cincang ke dalam kaldu. Tambahkan sekitar 2 sendok teh garam dan 1/2 sendok teh lada. Biarkan masak selama 8 jam lagi. Kentalkan dengan tepung dan air.
2. Biarkan semalaman di lemari es. Sajikan sendiri keesokan harinya, dengan tortilla atau di atas burrito.

Seribu babi "hijau".

BAHAN-BAHAN

- 2 kg iga atau pinggang babi tanpa tulang, dikuliti dan dipotong menjadi kubus yang sangat kecil
- garam dan merica
- 1/4 cangkir tepung
- 2 sendok minyak zaitun
- 1 1/2 cangkir seledri potong dadu
- 1 cangkir bawang cincang
- 2 siung bawang putih cincang
- 2 cangkir kaldu ayam
- 3 sampai 6 sendok makan jalapeno ring atau paprika cincang
- 1 cangkir wortel potong batang korek api
- 2 kentang ukuran sedang, potong dadu
- 1 kilo tomat, buang kulitnya, cuci bersih dan potong dadu
- 2 kaleng (masing-masing 14,5 ons) potong dadu tomat
- 1 sendok jintan tanah
- 2 sendok teh bubuk cabai
- sejumput oregano kering
- saus panas, secukupnya
- Garam dan merica secukupnya
- cincang ketumbar segar, jika diinginkan

PERSIAPAN

1. Taburi potongan daging babi dengan sedikit garam dan merica; campurkan tepung. Panaskan 2 sendok makan minyak zaitun dalam wajan besar; tambahkan daging babi dan tumis sampai kecoklatan; transfer ke slow cooker 5 hingga 6 liter. Di wajan yang sama, tambahkan sedikit minyak jika perlu, tumis seledri dan bawang bombay hingga empuk. Tambahkan bawang putih, kaldu ayam, dan jalapeno atau paprika manis, aduk dan kikis bagian emas dari dasar wajan.
2. Untuk mengesampingkan.
3. Sementara itu, masukkan wortel, kentang, dan tomat ke dalam slow cooker. Tuang di atas tomat, lalu tambahkan campuran bawang dan seledri dari wajan. Aduk untuk menggabungkan bahan-bahannya. Tutup dan masak pada TINGGI selama 3 jam atau pada RENDAH selama 6 jam. Tambahkan rempah-rempah. Masak selama 1 atau 2 jam lebih lama pada TINGGI atau sekitar 2 atau 3 jam lebih lama pada RENDAH. Cicipi dan sesuaikan bumbu. Sajikan dengan taburan ketumbar, jika diinginkan, dan roti jagung hangat.
4. Porsi 6 sampai 8.

Itu ham

BAHAN-BAHAN

-
- 2 kilogram ham giling
-
- 1 cangkir remah kerupuk
-
- 2 telur
-
- Sedikit garam
-
- .
-
- Saus:
-
- 1 cangkir gula merah kemasan
-
- 1/2 cangkir cuka
-
- 1 sendok makan. mustard yang sudah disiapkan
-
- 1 gelas air panas

PERSIAPAN

1. Campur empat bahan pertama dan bentuk bola; masukkan ke dalam slow cooker.
2. Tuang saus di atas bola bacon; tutup dan masak 2 hingga 3 jam pada suhu tinggi atau 4 hingga 6 jam pada suhu rendah. Porsi 8 sampai 10.

Casserole ham dan keju

BAHAN-BAHAN

- 32 ons kentang goreng beku ala Selatan, dicairkan
- 1 kaleng (sekitar 10 ½ ons) sup keju cheddar kental, murni
- 1 kaleng (sekitar 10 ½ ons) krim kental sup seledri, tidak diencerkan
- 8 ons krim asam ringan
- 1 ikat (sekitar 8) daun bawang, kupas dan iris tipis
- 1 toples (2 ons) paprika potong dadu, tiriskan
- 8 sampai 12 ons ham matang, potong dadu
- 1 sendok teh bumbu Creole atau Cajun
- 1/4 sendok teh lada hitam bubuk
- 2 sendok mentega cair

PERSIAPAN

1. Campurkan semua bahan dalam slow cooker; campur dengan lembut untuk digabungkan.
2. Tutup dan didihkan dengan api kecil selama 5-6 jam.
3. Melayani 8.

Ham dalam sari

BAHAN-BAHAN

- 1 ham matang sepenuhnya, sekitar 5 pon, cukup kecil untuk dimasukkan ke dalam slow cooker

- 4 cangkir jus apel atau cider, untuk menutupi

- 8 sampai 10 siung utuh

- Cat kuku

- 2 sendok teh mustard kering

- 1 cangkir gula merah yang dikemas dengan baik

- 1 sendok teh cengkeh

-
2 cangkir anggur emas tanpa biji

PERSIAPAN

1. Tempatkan ham dalam slow cooker dengan jus apel untuk menutupi dan cengkeh; tutup dan masak dengan RENDAH selama 10-12 jam. Sebelum disajikan, keluarkan bacon dan sisihkan. Memanaskan lebih dulu oven ke 375 °. Buat pasta dengan mustard, cengkeh, dan sesendok kecil sari buah apel panas. Lepaskan kulit luar daging (jika ada). Sebarkan bacon dengan pasta. Tempatkan di loyang. Tuang dalam 1 cangkir sari panas dan tambahkan kismis.
2. Panggang dalam oven yang sudah dipanaskan selama 30 menit, atau sampai adonan berubah menjadi glasir. Sari apel sudah cukup berkurang untuk membuat saus anggur yang lezat untuk ham.

Ham di dalam panci

BAHAN-BAHAN

- 2 1/2 cangkir daging potong dadu
- 8 kentang ukuran sedang, potong-potong
- Garam dan merica
- 2 bawang bombay kecil, iris
- 1 iris paprika hijau
- 1 kaleng (10 1/2 ons) sup keju cheddar

PERSIAPAN

1. Dalam panci, lapisi bacon, kentang, garam dan merica, irisan bawang bombay, dan paprika hijau. Dalam mangkuk, campurkan 1 kaleng sup keju cheddar, 2 sendok makan air, dan sedikit mustard yang sudah disiapkan; tuangkan semuanya. Masak dengan api kecil selama 7 hingga 9 jam, sampai kentang empuk.
2. Menyajikan 6.

Bacon dan Hash Brown

BAHAN-BAHAN

- 1 paket besar keripik beku (32 ons)
- 1 kaleng (10 3/4 ons) krim kental sup jamur
- 2 cangkir keju cheddar parut
- 1 kaleng (10 3/4) sup keju cheddar kental
- 1 atau 2 cangkir kacang polong beku
- 1 cangkir susu
- 1 kaleng bacon, daging giling atau Spam, potong dadu, kira-kira 1 atau 2 cangkir
-

garam dan merica

PERSIAPAN

1. Campur semua bahan dalam slow cooker dan bumbui dengan garam dan merica sesuai keinginan. Tutup dan masak dengan suhu tinggi 4 jam atau rendah 8 jam.
2. Porsi 6 sampai 8.

Casserole Bacon dan Mie

BAHAN-BAHAN

- 1 cangkir mie mentah

- minyak sayur

- 1 cangkir daging asap yang sudah dipotong dadu

- 1 kaleng (10 3/4 ons) krim kental sup ayam
- 1 kaleng (12 sampai 16 ons) jagung utuh, tiriskan
- 1 sendok makan paprika merah yang dihancurkan
- 3/4 cangkir keju cheddar parut
- 1/4 cangkir paprika hijau cincang
- gilingan lada hitam atau secukupnya

PERSIAPAN

1. Masak mi dalam air asin mendidih sesuai petunjuk kemasan hingga empuk, sekitar 5-6 menit. Tiriskan dan sesuaikan mi yang sudah matang dengan 2-3 sendok teh minyak sayur, cukup untuk membumbuinya. Tambahkan pasta, bacon, krim sup ayam, jagung, cabai, keju, lada bubuk, dan paprika hijau ke dalam panci yang sudah diolesi minyak; campur dengan lembut untuk digabungkan. Tutup dan masak pada RENDAH 6-7 jam. Cicipi dan sesuaikan bumbu.
2. Porsi 3 sampai 4.

Kentang Bacon & Parmesan

BAHAN-BAHAN

- 4 sampai 6 kentang sedang, potong dadu berukuran 1/2 inci (sekitar 6 cangkir)
- 1 bawang besar, cincang kasar
- 1 ham steak (kira-kira 3/4 pon), potong dadu
- Merica untuk rasa
- 1/2 sendok teh serpihan peterseli kering
- 1/2 sendok teh biji seledri
- 3/4 cangkir keju Parmesan parut segar
- 1 paket (1 1/4 ons) campuran saus country
- 1/2 gelas air
- 1/4 cangkir susu evaporasi

PERSIAPAN

1. Susun kentang, bawang bombay, dan ham di setiap lapisan, taburi bumbu, keju parut, dan saus. Tambahkan air; tutup dan masak selama sekitar 7-9 jam pada suhu rendah atau 4-5 jam pada suhu tinggi. Masukkan susu evaporasi dengan lembut dan sajikan.
2. Melayani 4.

Flan ham dan sayuran

BAHAN-BAHAN

- 4 sampai 6 kentang, diiris sekitar 1/4 inci (sekitar 5 cangkir diiris)
- 1 sampai 1 1/2 cangkir wortel bayi
- 3 batang seledri dipotong-potong
- 1/2 cangkir bawang cincang
- 2 sendok teh biji jintan, sesuai keinginan
- Garam dan merica secukupnya
- 1 atau 2 steak ham asap, potong-potong (sekitar 2 kg)
- 1 kaleng (10 ons) krim seledri bebas lemak 98%.
-

1/2 cangkir krim asam ringan

PERSIAPAN

1. Letakkan sayuran, taburi dengan biji jintan, garam dan merica; barang daging. Oleskan sup secara merata di atas bacon. Tutup dan masak selama 7-9 jam. Sekitar 20-30 menit sebelum disajikan, tambahkan krim asam dan aduk perlahan; terus didihkan dengan api kecil selama 20-30 menit.
2. Porsi 6 sampai 8.

Ham dalam saus persik

BAHAN-BAHAN

- 2 buah wortel, iris tipis

- 2 bawang sedang, iris

- 2 batang seledri potong dadu

- daging ham tanpa tulang yang sudah matang, 4 sampai 5 kg

- 1 gelas anggur putih kering

- 2 kaleng persik dalam sirup, 16 ons

- 3 sendok makan tepung maizena

- 3 sendok makan jus lemon

- 1 sendok makan mentega

PERSIAPAN

1. Masukkan wortel, bawang, dan seledri ke dalam panci. Tempatkan bacon di atas sayuran; tuangkan anggur di atas bacon. Tutup dan didihkan dengan api kecil selama 6-7 jam. Tiriskan buah persik, sisakan sirupnya. Campurkan pati dan sirup dalam panci. Masak sambil terus diaduk hingga sirup kental dan bening. Tambahkan bagian persik, jus lemon, dan mentega. Masak sampai matang. Angkat ham, letakkan di atas piring. Jangan dipotong sampai ham mendingin. Taruh buah persik dan saus di lapisannya dan campur dengan sayuran.
2. Sajikan saus persik panas di atas bacon.

Tetrazzini dengan ham

BAHAN-BAHAN

- 1 kaleng krim kental sup jamur, (10 3/4 ons)
- 1/2 cangkir susu evaporasi atau susu panas
- 1/2 cangkir keju Parmesan parut
- 1 1/2 cangkir bacon matang yang dipotong dadu
- 1/2 cangkir zaitun isi, iris (opsional)
- 1 kaleng (4oz) irisan jamur, tiriskan atau 4 sampai 6 ons jamur tumis segar
- 1/4 cangkir sherry kering atau anggur putih
- 1 paket spageti, (5 ons)
- 2 sendok mentega cair
- Parmigiano Reggiano, parut, untuk hiasan
- peterseli cincang, untuk hiasan, sesuai keinginan

PERSIAPAN

1. Campurkan semua bahan kecuali spageti dan mentega dalam slow cooker berukuran 3 1/2 hingga 4 quart. Tutup

dan didihkan dengan api kecil selama 6-8 jam. Tepat sebelum disajikan, masak spageti mengikuti petunjuk paket; Tiriskan dan sesuaikan dengan mentega cair. Aduk spageti dalam slow cooker. Sebelum disajikan, taburi dengan parmesan dan peterseli.
2. Melayani 4.
3. Gandakan bahan untuk panci berukuran 5 hingga 6 liter dan masak dengan waktu yang sama.

Selamat Tahun Baru Babi

BAHAN-BAHAN

- Daging babi panggang tanpa tulang, sekitar 3 pon
- 1 kilogram sosis asap
- 1 pon knockwurst
- 1 pon sauerkraut, dikemas atau dikalengkan, dibilas dan dikeringkan
- 1/2 cangkir gula merah
- 1 sendok makan biji adas, jinten atau adas manis
-

3 sendok mustard yang sudah disiapkan

PERSIAPAN

1. Masukkan daging babi dan sosis ke dalam panci tempayan Dalam mangkuk, campurkan sisa bahan dan tuangkan di atas daging babi dan sosis. Tutup dan masak dengan suhu RENDAH selama 8-10 jam.
2. Catatan Hawa:
3. Saya menyajikan makanan ini dengan kentang tumbuk, kacang hijau, dan roti telur buatan sendiri. Ternyata empuk banget dan enak. Saya juga suka mengoleskan sauerkraut pada kentang tumbuk.

Babi Panggang Hawaii

BAHAN-BAHAN

- 1 bahu babi tanpa tulang (3-4 pon)
- 4 sendok teh asap cair
- 4 sendok teh kecap
- 2 pisang matang, tidak dikupas
- 1/2 gelas air

PERSIAPAN

1. Tempatkan daging babi panggang di atas aluminium tugas berat berukuran 22" x 18". Campurkan asap cair dan kecap; taburkan di atas daging panggang. Cuci pisang yang sudah dikupas dan letakkan satu di setiap sisi daging babi panggang. Tarik sisi foil di sekitar daging babi panggang; tambahkan air dan tutup film dengan baik; bungkus lagi dengan lembaran besar lainnya. Tempatkan di wajan atau mangkuk dangkal; dinginkan semalaman, balikkan beberapa kali.
2. Tempatkan daging yang dibungkus dengan aluminium foil di dalam panci; rebus selama 8-10 jam. Tiriskan dan buang pisang dan jus. Potong daging dengan garpu untuk disajikan.

Kacang Hangat dengan Daging Sapi dan Sosis

BAHAN-BAHAN

- 2 kaleng (masing-masing 28 ons) babi dan kacang
- 2 kaleng kacang pinto atau kacang merah, tiriskan dan cuci bersih
- 1 pon daging giling tanpa lemak, fillet atau bulat
- 1 pon sosis babi lepas
- 1 bawang manis ukuran sedang, cincang
- 1 paprika merah ukuran sedang, cincang
- 2 siung bawang putih cincang
- 1 kaleng (4 ons) cabai hijau manis cincang
- 2 sampai 4 sendok makan tiriskan, potong cincin jalapeno, atau sesuai selera, sesuai keinginan
- 1/2 sendok teh garam
- 1/2 sendok teh bumbu pedas, seperti bumbu Cajun atau Creole
- 1 cangkir saus barbekyu, favorit Anda

PERSIAPAN

1. Tuang kacang ke dalam slow cooker berukuran 5 hingga 6 liter.
2. Dalam wajan besar, kecokelatan sosis sapi dan babi, hancurkan dengan spatula, hingga tidak lagi merah muda. Tiriskan dengan baik dan tambahkan ke kacang. Dalam wajan yang sama, dengan sedikit minyak, jika perlu, goreng bawang bombay dengan api sedang hingga berwarna cokelat keemasan. Tambahkan paprika merah dan bawang

putih; Kaverdisim mengaduknya selama 1 menit lagi. Campur sayuran dengan kacang. Tambahkan cabai, jalapeños, garam, rempah-rempah, dan saus barbekyu.
3. Aduk agar tercampur. Tutup dan masak pada TINGGI selama 3-4 jam atau pada RENDAH selama 6-8 jam.
4. Porsi 6 sampai 8.

Holly adalah Kielbas termudah yang pernah ada

BAHAN-BAHAN

- 3 kilo kielbasa
- 1 kantong asinan kubis, tiriskan dan bilas
- 1 toples sedang saus apel (jangan gunakan rasa yang sudah dibumbui)
- 1 12 ons. kaleng atau botol bir

PERSIAPAN

1. Campur sauerkraut dan saus apel menjadi satu; letakkan di dasar pot. Potong kielbasa menjadi potongan-potongan seukuran porsi dan letakkan di atas sauerkraut. Tuangkan bir di atas segalanya. Tutup dan masak dengan api kecil selama 7-8 jam atau panas tinggi selama 3 1/2-4 jam. Jika Anda di rumah saat hidangan ini sedang dimasak, jangan ragu untuk mengaduknya sesekali. Saya menyajikannya dalam sandwich yang panjang dan kokoh dengan salad goreng.

Keripik Chipotle Madu

BAHAN-BAHAN

- 2 rak iga, potong menjadi 2 atau 3 bagian iga
- Garam dan merica
- 1 1/2 cangkir saus tomat
- 1/3 cangkir madu
- 1/4 cangkir bawang cincang
- 1 1/2 sendok teh saus Chipotle Tabasco, atau sesuai selera
- 1 sendok makan saus Worcestershire
- 2 sendok teh bubuk cabai
- 1 sendok mustard yang sudah disiapkan
- 2 sendok makan cuka sari
- 1/2 sendok teh bubuk bawang putih
- 1/2 sendok teh garam
- 1/4 sendok teh lada hitam bubuk

PERSIAPAN

1. Memanaskan lebih dulu oven ke 375 °.
2. Lapisi loyang besar (dengan sisi) dengan foil tugas berat. Tempatkan potongan iga, sisi iga menghadap ke bawah, di atas loyang. Masak selama 1 jam.
3. Campurkan sisa bahan dalam food processor atau blender; proses sampai halus.
4. Pindahkan iga ke slow cooker; tutupi dengan bawang dan tuangkan saus barbekyu chipotle di atasnya. Masak dengan RENDAH selama 8-10 jam atau TINGGI selama sekitar 4-5 jam.
5. Melayani 4.

Tenderloin Babi Madu Dijon

BAHAN-BAHAN

- 2 tenderloin babi, masing-masing sekitar 1 pon
- garam dan merica
- 1 siung bawang putih kecil, cincang
- 4 sendok makan mustard Dijon kasar atau kasar
- 2 sendok madu
- 2 sendok gula merah
- 1 sendok makan cuka sari atau cuka balsamic
- 1/2 sendok teh daun thyme kering dan dihaluskan
- 1 sendok tepung maizena
- 1 sendok makan air dingin

PERSIAPAN

1. Cuci dan bersihkan daging babi dan keringkan; taburi sedikit dengan garam dan merica. Masukkan daging babi ke dalam slow cooker. Campurkan bawang putih, mustard, madu, gula merah, cuka, dan thyme; tuangkan di atas daging babi. Balik daging babi agar terlapisi secara menyeluruh. Tutup dan masak dengan RENDAH selama 7-9 jam atau TINGGI selama 3 1/2-4 1/2 jam.
2. Pindahkan daging babi ke piring, tutupi dengan kertas timah dan tetap hangat. Tuang jus ke dalam panci dan didihkan dengan api sedang.
3. Didihkan selama 8-10 menit, atau sampai berkurang sekitar sepertiga. Tambahkan tepung maizena dan air dingin; aduk dalam jus yang dikurangi dan didihkan selama 1 menit lagi. Sajikan irisan daging babi dengan jus kental.
4. Menyajikan 6.

Ham berlapis madu

BAHAN-BAHAN

- 3-4 kg daging ham tanpa tulang yang sudah dimasak 3
- 1 kaleng Sprite atau 7-Up (12 ons)
- 1/4 cangkir madu
- 1/2 sendok teh mustard kering
- 1/2 sendok teh cengkeh
-

1/4 sendok teh kayu manis bubuk

PERSIAPAN

1. Tuang bacon dan soda ke dalam slow cooker. Tutup dan masak dengan RENDAH selama 6 hingga 8 jam, (3 hingga 4 jam dengan TINGGI). Sekitar 30 menit sebelum disajikan, campurkan madu dan rempah-rempah dan aduk 3 sendok makan tetesan dari bagian bawah slow cooker/cooker.
2. Sebarkan glasir pada bacon dan lanjutkan memasak. Biarkan bacon beristirahat selama 15 menit sebelum mengiris.
3. Melayani mulai pukul 12:00 hingga 16:00

Iga Berlapis Madu

BAHAN-BAHAN

- 2 pon tulang rusuk tanpa lemak
- 1 kaleng (10 1/2 ons) kaldu kental
- 1/2 gelas air
- 2 sendok makan sirup maple
- 2 sendok makan madu
- 3 sendok makan kecap asin (rendah sodium)
- 2 sendok saus barbekyu
- 1/2 sendok teh mustard kering

PERSIAPAN

1. Tempatkan iga babi di atas panggangan dan masak selama 15 menit. Tiriskan dengan baik. Potong iga menjadi potongan ukuran porsi. Campurkan sisa bahan dalam slow cooker atau crockpot; campur dengan baik. Tambahkan tulang rusuk; tutup dan masak dengan api kecil selama 8-10 jam atau panas tinggi selama 4-5 jam.
2. Melayani 4.

Ham, madu, dan sayuran

BAHAN-BAHAN

-
3 kg ham panggang utuh

- 4 sampai 6 ubi jalar ukuran sedang, dikupas menjadi dua
- 1 ikat wortel
- 1 cangkir polong jahe
- .

Cat kuku:

- 1/2 cangkir madu
- 1/4 sendok teh bubuk kayu manis
- 1/4 sendok teh cengkeh
- 1/2 sendok teh mustard kering

PERSIAPAN

1. Kupas ubi jalar dan kupas. Potong menjadi dua. Kupas wortel dan potong menjadi irisan diagonal sepanjang 2 sentimeter. Tempatkan sayuran di dasar panci, letakkan

bacon di atasnya dan tuangkan ginger ale di atasnya. Tutup dan masak dengan RENDAH selama sekitar 8 jam, atau sampai sayuran lunak. Campurkan sekitar 2 sendok makan kaldu dari panci dengan bahan custard dalam gelas ukur yang sudah diolesi mentega dan tuangkan di atas bacon. Lanjutkan memasak dengan RENDAH selama 1 atau 2 jam, sering-seringlah diolesi.
2. Potong ham menjadi irisan tipis, sajikan dengan sayuran.

Tenderloin babi dengan mustard madu

BAHAN-BAHAN

- 1 bawang bombay ukuran sedang, dibelah dua, diiris setebal 1/4 inci
- 1 1/2 sampai 2 pon tenderloin babi, 2 fillet
- 1/4 cangkir madu campuran moster Dijon
- 2 sendok makan cuka balsamic
- 1 sendok gula merah
- 1/4 sendok teh daun thyme kering
- Sejumput bubuk bawang putih, sesuai keinginan
- Garam dan merica

PERSIAPAN

1. Atur irisan bawang di bagian bawah slow cooker berukuran 4 hingga 6 liter. Buang lemak berlebih dari fillet babi dan potong menjadi dua melintang.

2. Dalam mangkuk kecil, campurkan mustard, cuka, gula merah, timi, dan bubuk bawang putih, jika digunakan. Tutupi potongan daging babi dengan adonan dan letakkan di atas bawang bombay. Tuang sisa campuran mustard madu di atas daging babi.
3. Potong zucchini menjadi irisan tebal (tebal 1/2 hingga 1 inci) dan letakkan di atas daging babi.
4. Taburi dengan garam dan merica.
5. Tutup dan masak dengan RENDAH selama 6 jam, atau TINGGI selama 3 jam.
6. Jika memungkinkan, olesi dengan saus di tengah proses memasak.
7. Porsi 4 sampai 6.

Hot dog dan bacon roll

BAHAN-BAHAN

- 2 kilo hot dog
- 20 potong ham
- 2 cangkir gula merah muda, dikemas
- 1/2 sendok teh mustard bubuk
- 1/2 sendok teh bubuk bawang putih
- 2 sendok teh bubuk cabai

PERSIAPAN

1. Potong hot dog menjadi dua melintang. Potong irisan ham menjadi dua melintang. Dalam mangkuk, campurkan gula merah, mustard, bubuk bawang putih, dan bubuk cabai.
2. Bungkus setiap potongan hot dog dengan sepotong daging asap; amankan dengan tusuk gigi. Tempatkan lapisan gulungan hot dog di dalam panci. Taburkan sekitar 1/3 campuran gula merah di atas lapisan. Ulangi, buat 2 lapisan lagi, diakhiri dengan campuran gula merah. Tutup dan masak dengan TINGGI selama 4 jam, aduk perlahan beberapa kali.
3. Putar ke RENDAH untuk melayani.
4. Untuk 40 makanan pembuka.

Sandwich ham dan asparagus panas

BAHAN-BAHAN

- 1/2 pon bacon, cincang

- 1 ikat asparagus, kupas dan cincang
- 1 kaleng krim kental sup asparagus
- 8 ons keju Gouda asap, potong dadu
- 4 bawang hijau (daun bawang), potong-potong
- 1/4 cangkir cincang merah manis atau cabai

PERSIAPAN

1. Campurkan bacon dan asparagus dan semua bahan lainnya dalam slow cooker/crock pot. Tutup dan masak dengan suhu RENDAH selama 3 hingga 4 jam. Sajikan panas dengan croissant atau roti panggang.
2. Melayani 4.

Daging Babi Pedas dan Pedas

BAHAN-BAHAN

- 2 batang seledri, iris
- 1 cangkir bawang cincang
- 6 sampai 8 daging babi tanpa tulang, setebal 3/4 sampai 1 inci
- 1 paprika hijau dipotong-potong
- 1 paprika merah dipotong-potong
- 1/2 sendok teh lada hitam atau lada berbumbu yang ditumbuk kasar
- 1/4 sendok teh cabai rawit, sesuai keinginan
- 2 cangkir V-8 atau V-8 kaldu sayuran pedas dan 1/4 sendok teh cabai rawit
- 2 sendok makan tepung maizena, campur dengan 2 sendok air dingin

PERSIAPAN

1. Masukkan seledri dan bawang cincang ke dalam panci. Potong kelebihan lemak dari daging babi; tambahkan ke

slow cooker. Taburkan potongan lada di sekitar dan di antara potongan daging babi. Tuang jus V-8 ke atas semuanya. Tutup dan masak dengan suhu RENDAH selama 6 jam. Dengan skimmer, pindahkan daging babi dan sayuran ke piring saji; tetap hangat

2. Saring cairan yang tersisa ke dalam gelas ukur; buang lemaknya. Ukur 2 cangkir cairan ke dalam panci. Masukkan campuran tepung maizena dan air.
3. Masak sambil diaduk dengan api sedang hingga mengental dan mendidih. Lanjutkan memasak selama 2 menit lagi, sering diaduk. Sajikan daging babi dengan sayuran dan saus pedas pedas.
4. Porsi 6 sampai 8.

Gulungan kubis Hungaria

BAHAN-BAHAN

- 1 kepala kubis besar dengan inti
- air mendidih untuk menutupi inti kol
- 1/2 pon babi giling
- 1 kilo daging sapi tanpa lemak
- 1/4 cangkir bawang cincang
- 1 cangkir nasi
- 1 telur kocok
- 1 sendok makan garam
- 1/2 sendok teh merica
- 1 sendok makan paprika
- 2 cangkir asinan kubis, dibilas dan dikeringkan
- 2 gelas jus tomat
- 1 gelas air
- 1 cangkir krim asam

PERSIAPAN

1. Tempatkan kepala kol dalam mangkuk besar; tuangkan air mendidih untuk menutupi. Diamkan selama kurang lebih 5 menit, atau sampai kubis layu. Tiriskan dan buang semua daun dengan hati-hati. Potong batang yang berat dan ratakan sedikit daunnya.
2. Campurkan daging giling, bawang cincang, nasi, telur, garam, merica, dan paprika. Tempatkan sekitar 2 sendok makan campuran daging dan nasi ini di setiap daun kol; lipat sisi ke dalam dan gulung.
3. Jika diinginkan, kencangkan gulungan dengan tusuk gigi. Tempatkan gulungan dengan sisi menghadap ke bawah dalam slow cooker.
4. Lapisi gulungan dengan sauerkraut dan tambahkan jus tomat dan air.
5. Masak dengan api kecil, tutup, selama 6-8 jam.
6. Angkat gulungan kol ke piring panas.
7. Campurkan 1/2 cangkir kaldu dengan krim asam; tuangkan di atas gulungan kol.

Kubis pemburu

BAHAN-BAHAN

- 1 kangkung (sekitar 1 3/4 pon)
- 1 bawang besar
- 1 cangkir daging mentah yang dipotong dadu
- 1 cangkir daging giling atau iris tipis
- 1 cangkir daging babi yang ditumbuk halus atau diiris tipis
- 1 1/2 sendok teh garam
- 1 1/2 sendok teh lada hitam bubuk
- 3 cangkir kentang merah, kupas dan iris, setebal 1/4 inci
-

1 cangkir kaldu

PERSIAPAN

1. Cuci kubis dan potong. Kupas bawang dan cincang halus. Dalam wajan besar atau oven Belanda, cokelatkan bacon untuk membuatnya. Tambahkan bawang dan goreng sampai lunak. Tambahkan daging sapi, babi, garam, dan merica, lalu lanjutkan memasak hingga daging tidak lagi berwarna merah muda. Tambahkan kol, kentang, dan kaldu sapi. Tutup dan masak dengan api kecil sampai kentang empuk; sekitar 30 menit.
2. Porsi 4 sampai 6.

goulash

BAHAN-BAHAN

- 2 potong ham, potong dadu

- 1 cangkir bawang cincang

- 1 1/2 sampai 2 pon daging babi tanpa lemak, potong dadu berukuran 1 inci (atau campuran daging babi dan sapi)

- 2 sendok paprika manis Hungaria

- 1/2 sendok teh biji jintan

- 1/2 gelas anggur putih kering

- 4 kentang merah sedang, potong dadu berukuran 1 inci

- 1 paprika hijau besar, potong-potong berukuran 1 inci

- 1/2 cangkir kaldu ayam

- 1 1/2 cangkir asinan kubis, dibilas dan diperas

- 1 buah tomat ukuran besar potong dadu

- 8 ons krim asam ringan

- Garam dan merica secukupnya

PERSIAPAN

1. Dalam wajan besar, masak bacon dan bawang di atas api sedang, aduk hingga bacon garing.
2. Tempatkan daging babi (dan daging sapi, jika menggunakan) dalam panci dengan paprika, biji jintan, anggur, kentang, paprika, kaldu, dan sauerkraut. Tambahkan bacon dan bawang bombay dan aduk rata.
3. Tutup dan masak dengan api kecil selama 8 hingga 10 jam.
4. Sekitar 15-20 menit sebelum akhir, tambahkan tomat potong dadu dan saus asam. Sajikan panas.
5. Untuk sekitar 6 porsi.

babi Indonesia

BAHAN-BAHAN

- 1 daging babi panggang tanpa tulang, sekitar 3-4 kilogram
- Garam dan merica secukupnya
- 1 gelas air panas
- 1/4 cangkir molase
- 1/4 cangkir mustard yang sudah disiapkan
- 1/4 cangkir cuka
- 1/4 cangkir selai jeruk
- 1 sendok teh parutan kulit jeruk atau lemon
- 1/4 sendok teh jahe bubuk

PERSIAPAN

1. Tempatkan rak kawat atau jaring di bagian bawah slow cooker atau panci. Atau buat "rak" dengan beberapa potongan mi yang sudah diremas.
2. Bumbui daging babi panggang dengan garam dan lada hitam yang baru ditumbuk; diletakkan di rak. Tuangkan air panas di sekitar daging babi panggang.
3. Tutup dan masak dengan RENDAH selama 5-7 jam, atau sampai daging babi mencatat setidaknya 145 ° F pada

termometer makanan yang dapat dibaca instan yang dimasukkan ke bagian paling tebal dari daging panggang.
4. Pindahkan daging panggang ke rak kawat atau rak kawat.
5. Memanaskan lebih dulu oven ke 400 ° F.
6. Campurkan sisa bahan dalam panci dan aduk. Panaskan sampai campuran mulai mendidih.
7. Oleskan sedikit campuran glasir ke atas loyang dan masukkan ke dalam oven. Panggang daging babi selama 30-45 menit, sering-seringlah mengolesinya dengan saus.
8. Untuk 6-8 porsi.

babi pulau

BAHAN-BAHAN

- 3 pon babi panggang tanpa tulang
- 5 sampai 6 siung utuh
- 1/2 sendok teh pala
- 1/4 sendok teh paprika
- 1/4 cangkir saus tomat
- 2 sendok makan jus jeruk
- 2 sendok makan madu
- 1 sendok makan kecap
- 2 sendok teh jus lemon
- 1/2 sendok teh buket masak (penambah saus)

PERSIAPAN

1. Daging kuda dengan cengkeh. Tempatkan daging panggang dalam slow cooker; taburi dengan paprika dan pala. Kami menggabungkan bahan-bahan lain dan meletakkannya di atas kue. Tutup dan masak dengan api kecil selama 9 hingga 11 jam. (tinggi 4-5 jam) Keluarkan dari oven. Jika diinginkan, kentalkan jus dengan 1 1/2 sendok makan tepung maizena dan 2 sendok makan air; putar ke TINGGI dan masak sampai mengental.

Sosis Italia dengan spageti

BAHAN-BAHAN

- 2 kilogram sosis Italia (manis, panas atau lembut)
- 48 sampai 54 ons saus spageti siap saji, kira-kira 2 stoples besar
- 1 (6 ons) kaleng pasta tomat
- iris tipis paprika hijau
- 1 besar. bawang bombay, iris tipis
- 2 sendok makan keju Parmesan parut
- 1 sendok teh serpihan peterseli
- 3/4 gelas air

PERSIAPAN

1. Masukkan sosis ke dalam wajan dan tutupi dengan air. Rebus selama 10 menit; mengeringkan. Sementara itu, masukkan semua sisa bahan ke dalam panci.
2. Potong sosis Italia menjadi potongan besar dan tambahkan ke dalam panci; tutup dan masak dengan RENDAH 4 atau 5 jam.
3. Tingkatkan ke TINGGI dan masak 1 jam lebih lama.
4. Sajikan saus di atas spageti dan taburi dengan lebih banyak Parmesan jika diinginkan.
5. Melayani dari jam 10 pagi hingga 12 malam.

Tenderloin Babi Berbumbu Jamaika

BAHAN-BAHAN

- 1/3 cangkir agar-agar apel
- 1 sendok makan cuka sari
- 1/2 sdt bubuk bawang putih
- 1 sendok makan kecap asin (tamari)
- 1/2 sendok teh kayu manis
- Penyedap rasa 1/4 sendok teh
- 1/4 sendok teh lada
- 3 sampai 4 tetes saus cabai
- 2 fillet daging babi, potong masing-masing menjadi 3-4 potong (sekitar 2 kilogram)

PERSIAPAN

1. Campur 8 bahan pertama dengan baik. Tempatkan daging babi dalam slow cooker dan tuangkan campuran di atasnya, aduk perlahan untuk melapisi semua daging. Tutup dan masak selama 6-8 jam.
2. Porsi 4 sampai 6.

Crockpot Chops Janet

BAHAN-BAHAN

- 6-8 daging babi

- saus tomat atau saus barbekyu

- 1 paprika, cincang

- 1 bawang bombay, cincang

- 1/4 cangkir air

PERSIAPAN

1. Goreng daging babi di kedua sisi dalam wajan dengan sedikit minyak sayur. Olesi atau oleskan lapisan tipis saus tomat pada setiap potongan daging babi; Taburi dengan garam dan merica. Tambahkan sisa bahan. Tutup dan masak dengan TINGGI selama 3 hingga 4 jam.

Kubis Kielbasa

BAHAN-BAHAN

- 1/2 kol, potong-potong

- 1 kentang ukuran sedang potong dadu

- 1 sendok teh garam

- 1/2 sendok teh biji jintan, jika diinginkan

- 1 bawang besar, dibelah dua dan diiris tipis

- 1 1/2 sampai 2 pon kielbasa atau sosis asap serupa, potong-potong berukuran 1 inci

-

1 1/2 cangkir kaldu ayam

PERSIAPAN

1. Campurkan semua bahan dalam slow cooker, aduk rata.
2. Tutup dan masak dengan api kecil selama 7-9 jam atau panas tinggi selama 3-4 jam.
3. Porsi 4 sampai 6.

Casserole Kielbasa

BAHAN-BAHAN

- 1 paket. Kielbasa kalkun atau sosis asap, potong menjadi irisan 1 inci
- 1 kantong Texas Hash Browns beku (dengan bawang dan paprika di dalamnya)
- 1 kaleng sup ayam
- 1 kaleng sup dengan keju cheddar

PERSIAPAN

1. Potong kielbasa menjadi beberapa bagian. Tambahkan semua bahan ke slow cooker dengan lemak, campur. Tutup dan masak pada RENDAH 6-8 jam atau TINGGI selama 3-4 jam.

Knockwurst dan kubis

BAHAN-BAHAN

- 6 link knockwurst

- 1/2 sendok teh garam

- 1 bawang bombay ukuran sedang, diiris tipis

- 1 sendok teh biji jintan

- 1 kubis kecil, cincang

-
2 cangkir kaldu ayam

PERSIAPAN

1. Potong knockwurst menjadi potongan berukuran 2 inci. Di dalam Crockpot, atur lapisan-lapisan potongan sosis dengan bawang bombay dan kubis secara bergantian. Taburi dengan garam dan biji jintan. Tuang kaldu ayam di atas semuanya. Tutup dan masak dengan api kecil selama 5 hingga 6 jam atau sampai kubis empuk. Untuk 6 porsi.

Sosis dan apel rendah lemak

BAHAN-BAHAN

- 4 buah apel rebus ukuran sedang, kupas, buang bijinya, dan iris
- 2 kilogram sosis asap, potong-potong
- 1/4 cangkir gula merah, dikemas dengan baik
- 1/2 cangkir bawang cincang
- 1 sendok tepung maizena
- 2 sendok air
- 1 sendok makan mentega
- 1/8 sendok teh lada hitam
- 1/2 cangkir agar-agar apel
- 1 sendok teh jus lemon
- 1/4 sendok teh garam

PERSIAPAN

1. Masukkan irisan apel, sosis, gula merah, dan bawang bombai ke dalam slow cooker.
2. Campurkan tepung maizena dan air, aduk hingga rata, lalu masukkan ke dalam adonan apel. Tambahkan bahan lainnya dan aduk hingga rata.
3. Tutup dan masak dengan suhu RENDAH selama 4-6 jam.

Keripik Maple dan Madu

BAHAN-BAHAN

- 2 kg tulang rusuk
- 1 kaleng kaldu kental (10 1/2 ons)
- 1/2 gelas air
- 2 sendok makan sirup maple
- 2 sendok madu
- 3 sendok kecap
- 2 sendok saus barbekyu
- 1/2 sendok teh mustard kering

PERSIAPAN

1. Panggang iga pada suhu 350° selama 1 jam, atau panggang selama 20 menit untuk menghilangkan lemak berlebih. Potong-potong. Campurkan bahan dalam slow cooker; campuran untuk campuran. Tambahkan tulang rusuk. Tutup dan didihkan dengan api kecil selama sekitar 8 jam.
2. Sajikan dengan nasi.

Babi Meksiko dan Kacang Hitam

BAHAN-BAHAN

- 1 pon kacang hitam, dimasak, atau 3 kaleng (masing-masing 15 ons) kacang hitam, tiriskan
- 1 pon daging babi tanpa tulang, potong dadu berukuran 1 inci
- 1 sendok teh bubuk cabai
- 1 sendok teh ketumbar bubuk
- 2 sendok teh garam
- 1 bawang bombay cincang
- 1 siung bawang putih cincang
- 16 ons tomat matang, cincang
- lada hitam, secukupnya
- 2 gelas air
- nasi panas
- Ketumbar atau peterseli cincang segar, sesuai keinginan

PERSIAPAN

1. Tuang kacang ke dalam panci dan bumbui daging babi dengan bubuk cabai, ketumbar, dan garam. Dalam wajan yang diolesi sedikit minyak, tumis bawang bombay dan bawang putih dengan daging babi. Tambahkan tomat dengan jus ke slow cooker. Tambahkan campuran daging babi, merica dan 2 gelas air. Tutup dan masak selama 9 jam dengan RENDAH. Sendok nasi dan hiasi dengan daun ketumbar jika diinginkan.

Makan Malam Milwaukee Manis dan Manis

BAHAN-BAHAN

- 2 kg asinan kubis, dibilas dan ditiriskan
- 2 pon kielbasa, potong-potong berukuran 1 inci
- 2 apel asam besar, buang bijinya, kupas dan iris tipis
- 1 bawang bombay ukuran sedang, dibelah dua dan diiris tipis
- 2/3 cangkir jus apel
- 2/3 cangkir gula merah muda, dikemas
- 1 sendok mustard yang sudah disiapkan
- 1/2 sendok teh garam
- Sejumput lada hitam

PERSIAPAN

1. Dalam sisipan slow cooker berukuran 5 hingga 7 liter, gabungkan sauerkraut, kielbasa, apel, dan bawang.
2. Dalam mangkuk besar, campurkan kaldu, gula merah, mustard, garam, dan merica. Tuangkan campuran sauerkraut dan aduk hingga rata.
3. Tutup dan masak dengan RENDAH selama 5-7 jam atau TINGGI selama 2 1/2-3 1/2 jam.
4. Porsi 6 sampai 8.

mostaccioli

BAHAN-BAHAN

- 1 pon sosis Italia, manis atau gurih
- 1 kilo daging sapi tanpa lemak
- 1 cangkir bawang cincang
- 1 kaleng (6 ons) pasta tomat
- 2 sendok teh gula pasir
- 1 sendok teh garam
- 1/4 sendok teh lada hitam yang baru ditumbuk
- 1 (12 ons) kaleng saus tomat
- 1 kaleng (14,5 ons) jus tomat
- 1 lembar daun salam
- 1/2 sdt. bubuk bawang putih
- 1 sendok teh. Oregano
- 1 sendok teh. kemangi manis kering
- 16 ons Mostaccioli, penne atau ziti
-

Parmigiano Reggiano, untuk melayani

PERSIAPAN

1. sosis coklat dan daging cincang; tiriskan lemaknya. Campurkan semua bahan kecuali pasta dan Parmesan dalam slow cooker.
2. Tutup dan masak dengan RENDAH selama 6 jam, tambahkan sedikit air menjelang akhir jika sausnya tampak terlalu kental.
3. Tepat sebelum saus siap, masak sampel, penne atau ziti dalam air asin mendidih, ikuti petunjuk pada kemasannya.
4. Tiriskan dan sajikan pasta panas dengan sausnya.

Mustard Glazed Ham

BAHAN-BAHAN

- Ham Masak 3 sampai 5 pon
- 10 sampai 12 siung utuh
- 1/2 cangkir gula merah
- 1 sendok mustard yang sudah disiapkan
- 2 sendok teh jus lemon
- 2 sendok makan jus jeruk
- 2 sendok makan tepung maizena

PERSIAPAN

1. Skor ham dalam pola wajik; bumbui dengan cengkeh utuh dan masukkan ke dalam slow cooker.
2. Campurkan gula merah, mustard, dan jus lemon; sendok di atas bacon • Tutup dan masak dengan TINGGI selama 1 jam; putar ke RENDAH dan lanjutkan memasak selama 7-9 jam.
3. Hapus bacon ke piring saji; tetap hangat
4. Nyalakan kompor lambat.
5. Campurkan jus jeruk dan tepung jagung untuk membentuk pasta halus. Campur tetes dalam slow cooker. Lanjutkan memasak, aduk sesekali, sekitar 15 menit, atau sampai saus mengental.
6. Sendok di atas bacon.
7. Melayani dari 8 hingga 12.

Babi Bar-BQ Myron

BAHAN-BAHAN

- panggang bahu babi

- 1 bawang besar

- 2 sendok makan saus Worcestershire

- saus barbekyu, lihat instruksi

- sandwich yang dipanggang atau dipanaskan kembali

PERSIAPAN

1. Tempatkan daging babi panggang di dalam panci.
2. Tambahkan bawang bombay besar yang diiris dan 2 sdm. saus Worcestershire.
3. Tambahkan air untuk menutupi.
4. Nyalakan sedikit sepanjang hari (minimal 12 jam).
5. Angkat daging panggang, buang air rebusannya. Simpan bawang.
6. Potong daging babi, buang lemak dan tulangnya.
7. Kembalikan daging dan bawang cincang ke slow cooker.
8. Tuangkan sebotol saus barbekyu favorit Anda di atasnya dan didihkan selama sekitar satu jam dengan api kecil sampai benar-benar panas.
9. Sajikan dengan sandwich hangat.
10. Bagus sekali! Sudah dicoba dan benar, berkali-kali selama 20 tahun terakhir!

Iga Myron Cina

BAHAN-BAHAN

- 3 sampai 4 kg iga babi
- 1/4 cangkir kecap
- 1/4 cangkir selai jeruk (atau selai aprikot)
- 1 sendok makan saus tomat
- 1 (atau lebih!) siung bawang putih, dihancurkan

PERSIAPAN

1. Campurkan kecap, selai, saus tomat, dan bawang putih. Cuci semua tulang rusuk. Tempatkan dalam slow cooker dan tuangkan sisa saus ke atas semuanya. Tutup dan masak dengan RENDAH setidaknya selama 10 jam (saya memasak selama 12 jam karena saya suka daging yang lepas dari tulang).
2. Porsi 4 sampai 6.

Iga gaya negara saya

BAHAN-BAHAN

-
3 pon daging babi gaya pedesaan

-
1 kantong campuran sup daun bawang Knorr

-
1 kaleng sup jamur emas

PERSIAPAN

1. Tempatkan iga dalam slow cooker besar. Taburkan campuran sup daun bawang di atas iga. Tambahkan sup jamur emas. Turunkan slow cooker dan masak selama 12 jam.
2. CATATAN: Sangat baik disajikan dengan kentang tumbuk, kacang polong dan salad Inggris.
3. Menyajikan 6.

Babi Panggang Asia Myron

BAHAN-BAHAN

-
1 babi panggang, 3 sampai 4 pon

-
1/4 cangkir kecap

- 1/4 cangkir selai jeruk atau selai aprikot

- 1 sendok makan saus tomat

- 1 (atau lebih!) siung bawang putih, dihancurkan

PERSIAPAN

1. Campurkan kecap, selai, saus tomat, dan bawang putih. Oleskan campuran tersebut ke seluruh daging babi panggang. Tempatkan dalam slow cooker dan tambahkan saus yang tersisa. Tutup dan masak dengan RENDAH sepanjang hari, setidaknya 10 jam (saya memasak milik saya selama 12 jam).
2. Porsi 6 sampai 8.

Daging Babi "BBQ" Hari Hujan NC

BAHAN-BAHAN

- 1/2 cangkir cuka sari
- 1/4 cangkir bawang cincang
- 1 sendok teh saus Worcestershire
- 1 sendok teh Tabasco atau saus cabai serupa
- 3 sampai 4 pon bahu babi panggang, bertulang, dipangkas, diikat
- beberapa tembakan asap cair, jika diinginkan
- 1 sendok gula pasir
- 1 sendok teh garam
- 1 sendok teh paprika bubuk
- 1/4 sendok teh lada hitam
- 2 sendok saus tomat
- 8 roti hamburger hangat

PERSIAPAN

1. Dalam mangkuk besar non-logam, campurkan cuka sari apel, bawang cincang, saus Worcestershire, dan saus cabai. Tambahkan daging babi panggang, tutup dan rendam dalam lemari es selama 6-10 jam. Balik sesekali agar daging panggang tetap terendam dalam rendaman.
2. Keluarkan daging babi dari rendaman, gosok bawang ke dalam rendaman. Keringkan sedikit loyang dengan kertas penyerap. Tuang bumbunya ke dalam slow cooker dan tambahkan asap cair.

3. Tempatkan panggangan atau cincin aluminium di slow cooker.
4. Campurkan gula, garam, merica, dan merica dalam cangkir. Gosok daging babi panggang dengan campuran bumbu dan letakkan di atas panggangan dalam panci.
5. Tutup dan masak dengan RENDAH selama 7-9 jam, atau sampai sangat empuk. Pindahkan daging babi ke talenan; tutupi dengan kertas timah agar tetap hangat.
6. Singkirkan lemak dari permukaan cairan memasak. Aduk saus tomat; tuang ke dalam mangkuk. Dengan menggunakan 2 garpu, suwir daging babi atau potong daging babi menjadi potongan-potongan kecil. Sajikan gulungan babi panas dengan coleslaw, kacang atau lauk pilihan Anda. Sajikan saus secara terpisah.
7. Membuat 8 sampai 10 sandwich.

Daging babi panggang dengan jeruk

BAHAN-BAHAN

- 1 bahu babi panggang, 3 sampai 4 pon, dipangkas
- 1/2 sendok teh garam
- 1/4 sendok teh lada
- 1 kaleng konsentrat jus jeruk beku, dicairkan (6 ons)
- 1/4 cangkir gula merah
- 1/8 sendok teh pala bubuk
- 1/8 sendok teh bubuk allspice
- 3 sendok tepung dicampur dengan 3 sendok air dingin

PERSIAPAN

1. Tempatkan panggang bahu babi dalam slow cooker; Taburi dengan garam dan merica. Dalam mangkuk, campurkan konsentrat jus jeruk, gula merah, pala, dan allspice; tuangkan di atas daging panggang. Tutup dan masak pada HIGH selama 1 jam. Kurangi panas menjadi rendah dan masak selama 8 jam. Sebelum disajikan, tiriskan jus dari lemak dan tuangkan cairan masak ke dalam panci kecil. Tuang campuran tepung dan air. Didihkan, aduk, dan terus didihkan sampai mengental.
2. Sajikan saus dengan daging babi panggang. Sajikan dengan nasi dan salad untuk hidangan lengkap.
3. Porsi 6 sampai 8.

Daging Babi Sempurna Paige

BAHAN-BAHAN

- 2 potong daging babi tanpa tulang setebal 3/4 inci
- 1 kubus kaldu (ayam) atau biji-bijian yang setara
- 1/4 gelas air panas
- 2 sendok makan mustard Grey Poupon
- 2 bawang bombay kecil
-

lada segar

PERSIAPAN

1. Saya selalu memulai setiap resep potongan daging babi dengan daging beku. Mereka tidak pernah bosan seperti itu! Mulailah dengan mencokelatkan kedua sisi iga beku. Saya menggunakan loyang berlapis dan membuat pola berselang-seling yang bagus. Sambil mendidih, larutkan cairan dalam air panas dan tambahkan mustard. Campur dengan baik. Potong bagian atasnya dan kupas bawang bombay, lalu potong menjadi dua melintang untuk mendapatkan 4 "roda" yang tebal. Susun bawang di bagian bawah Crockette dalam satu lapisan.

2. Setelah iga berwarna kecokelatan, letakkan di atas bawang. Taburi dengan lada hitam yang baru ditumbuk secukupnya dan tuang perlahan kaldu ke atas semuanya. Saya memasaknya selama sekitar 4,5 jam dan rasanya enak!! Meleleh di mulut! Saya menyajikannya dengan kacang hijau kukus, wortel, dan kentang merah. Bawang yang berair dan lembut disajikan dengan indah di atas sayuran!

Babi Paprika

BAHAN-BAHAN

- Iga babi gaya pedesaan 3 sampai 4 pon, tanpa tulang
- 1/3 cangkir tepung serbaguna
- 4 sendok teh paprika Hungaria
- 1/2 sendok teh garam
- Merica
- 1 atau 2 sendok makan minyak sayur
- 1 bawang besar, dibelah dua, iris
- 1/2 cangkir kaldu ayam
- 1/2 cangkir krim asam

PERSIAPAN

1. Cuci daging babi dan keringkan. Campurkan tepung, paprika, garam, dan merica dalam tas belanjaan. Tempatkan daging babi di dalam tas dan tutup dengan hati-hati.
2. Panaskan minyak sayur dalam wajan besar di atas api sedang-tinggi. Tambahkan daging babi dan bawang; goreng selama sekitar 5-6 menit, balikkan iga babi sekali hingga kecokelatan di kedua sisi. Atur daging babi dan bawang goreng dalam slow cooker berukuran 5 hingga 7 liter. Tuang kaldu ayam ke dalam wajan panas dan buang bagian emasnya; tuangkan di atas daging babi.
3. Tutup dan didihkan dengan api kecil selama 6-8 jam. Angkat daging babi dan tetap hangat.
4. Tuang jus ke dalam panci dan letakkan di atas api sedang. Didihkan selama 5-8 menit, hingga berkurang sekitar 1/4 hingga 1/3. Angkat dari api dan campur yogurt; sajikan saus dengan daging babi.
5. Porsi 4 sampai 6.

Saus dengan sosis dan tomat kering

BAHAN-BAHAN

- minyak zaitun
- 1 kilo sosis Italia yang lembut
- 1 bawang sedang, cincang
- 1/4 cangkir wortel parut (1 wortel kecil)
- 1 paprika manis (saya pakai merah atau kuning)
- 1 labu kuning sedang atau zucchini, diunggulkan dan diiris (sekitar 1/2 inci)
- 2 siung bawang putih cincang
- 4 sampai 6 daun kemangi segar, cincang
- 6 buah tomat kering potong dadu
- 1 kaleng kecil (6 ons) pasta tomat
- 1 kaleng (15 ons) potong dadu tomat, jangan ditiriskan
- 1 sendok makan air

PERSIAPAN

1. Goreng sosis di semua sisi dengan sedikit minyak zaitun; tambahkan bawang dan goreng sampai bawang berubah

warna menjadi coklat muda. Irisan salami; masukkan ke dalam panci dengan bawang. Tambahkan sisa bahan; tutup dan masak dengan api kecil selama 6-8 jam atau 3-4 jam dengan api besar (sedikit lebih banyak air mungkin diperlukan jika memasak dengan api besar). Jika saus terlalu kental, tambahkan sedikit air. Kadang-kadang saya menambahkan satu atau dua sendok makan air dan satu sendok makan saus alfredo kering.
2. Sajikan di atas spageti atau pasta lainnya.
3. Melayani 4.

Steak babi dalam buah persik

BAHAN-BAHAN

- 4 potong daging babi tebal, sekitar 1 1/2 inci tebalnya, atau potongan daging babi atau steak

- 2 sendok minyak

- 3/4 sendok teh daun kemangi kering

- 1/4 sendok teh garam

- 1/8 sendok teh lada

- 1 kaleng (15 ons) irisan persik dalam jus alami

- 2 sendok cuka

- 1 sendok makan butiran atau dasar kuah

- 4 cangkir nasi panas

- 1/4 cangkir air

- 2 sendok makan tepung maizena

PERSIAPAN

1. Hapus lemak dari daging babi. Panaskan minyak dalam wajan dengan api sedang; babi goreng di kedua sisi. Taburi dengan kemangi, garam dan merica.
2. Tiriskan buah persik, sisakan sirupnya. Susun buah persik yang sudah diiris dalam panci. Tempatkan daging di atas buah persik. Campurkan jus persik, cuka, dan kaldu atau kaldu sapi; tuangkan di atas daging babi. Tutup dan didihkan pada RENDAH selama 8 jam. Letakkan steak dan

buah persik di atas nasi panas di atas piring saji; tetap hangat
3. Saring jus masakan dan pindahkan ke panci. Singkirkan lemak berlebih dari cairan memasak. Dalam mangkuk atau cangkir kecil, gabungkan air dingin dengan tepung maizena secara perlahan; aduk dalam cairan panas. Masak dengan api kecil dan aduk hingga mengental dan mendidih. Kami menyajikan jus kental dengan daging babi.
4. Untuk 4 porsi.

Daging babi pinggang dengan nanas

BAHAN-BAHAN

- 1 daging babi panggang tanpa tulang, sekitar 2 sampai 3 pon.

- 1/2 cangkir tepung dibumbui dengan 1/2 sendok teh garam dan 1/4 sendok teh merica

- 3 sendok margarin

- 2 bawang sedang, dibelah dua dan diiris

- 1 kaleng nanas yang dihancurkan (20 ons), tidak dikeringkan

- 1 sendok makan cuka

- 1 sendok makan kecap

- 1 atau 2 sendok teh gula (opsional)

- 1 cangkir paprika hijau dan/atau merah cincang

- 1/2 sendok teh kayu manis

- 1/2 sendok teh bumbu

- 1/2 sendok teh bubuk jahe

- 1 sendok teh bubuk bawang putih

PERSIAPAN

1. Potong daging babi menjadi irisan setebal 3/4 inci. Masukkan tepung yang sudah dibumbui. Panaskan margarin dalam wajan besar anti lengket di atas api sedang. Tambahkan irisan daging babi dan tepung berlebih; coklat di kedua sisi. Pindahkan daging babi kecokelatan ke Slow Cooker / Roasting Pot (3 1/2 qt. atau lebih besar). Tambahkan bawang bombay dan paprika ke dalam wajan, aduk hingga berwarna keemasan dan lembut. Tambahkan bahan lainnya dan didihkan; tuangkan di atas daging babi.
2. Tutup dan masak dengan api kecil selama 8 hingga 10 jam. Sajikan di atas nasi panas. Porsi 6 sampai 8.

Daging babi panggang dengan makan malam nanas

BAHAN-BAHAN

- 1 daging babi panggang tanpa tulang (sekitar 3 pon)
- garam dan lada hitam yang baru digiling, secukupnya
- 1 kaleng nanas yang dihancurkan (8 ons)
- 2 sendok gula merah
- 2 sendok kecap
- 1/2 siung bawang putih cincang
- 1/4 sendok teh kemangi kering
- 2 sendok makan tepung serbaguna
-

1/4 cangkir air dingin dingin

PERSIAPAN

1. Potong daging panggang menjadi dua jika perlu dan masukkan ke dalam panci dan taburi dengan garam dan merica.
2. Campurkan semua bahan kecuali tepung dan air; tuangkan di atas daging panggang.
3. Tutup dan didihkan dengan api kecil selama 8-10 jam. Lepaskan loyang. Tiriskan nanas dan sisakan cairan masaknya. Kembalikan daging dan nanas ke dalam panci. Tambahkan air ke kaldu untuk membuat 1 3/4 gelas. Tuang ke dalam panci. Campur tepung dan air dingin bersama-sama untuk membentuk pasta halus.
4. Aduk cairan panas yang sudah dipesan. Masak dan aduk hingga mengental. Tuang di atas daging panggang; sajikan dengan nasi sesuai selera.

Nanas - Babi dengan Kastrati

BAHAN-BAHAN

- 1 pinggang babi tanpa tulang, sekitar 4 pon
- Garam dan merica
- bubuk bawang putih
- 1 (1 lb.) nanas kaleng yang dihancurkan
- 1/4 sdt. Pala
- 1 kaleng saus cranberry utuh
-

1/4 sdt. cengkeh, jika diinginkan

PERSIAPAN

1. Taburkan daging panggang dengan garam, merica, dan bubuk bawang putih; masukkan ke dalam slow cooker. Campur bahan yang tersisa dan tuangkan di atas daging babi. Tutup dan masak selama 8-10 jam dengan api kecil. Suhu daging babi harus sekitar 160 derajat pada termometer daging. Untuk menyajikan, potong dan tuangkan saus di atas setiap sajian.
2. Porsi 6 sampai 8.

Daging babi yang diasinkan nanas

BAHAN-BAHAN

-
- 6 potong daging babi
- 1 kaleng (20 ons) potongan nanas dalam jus
- 1/4 cangkir gula merah
- 2 sendok teh kecap

PERSIAPAN

1. Tempatkan daging babi di dalam kantong plastik; campur bahan yang tersisa; tuangkan di atas daging babi yang dibungkus. Tutup tas dan dinginkan semalaman. Tempatkan dalam panci tempayan dengan api kecil selama 6-8 jam atau sampai matang. Daging babi ini juga enak di atas panggangan.
2. Menyajikan 6.

Pizza dengan kentang di dalam panci

BAHAN-BAHAN

- 3 sendok makan mentega

- 1/4 cangkir tepung serbaguna

- 1 sendok teh. garam

- 1/8 sdt. merica

- 1 1/2 cangkir susu

- 1 sampai 1 1/2 cangkir keju parut

- 5 kentang sedang, iris tipis

PERSIAPAN

1. Kembalikan kentang ke slow cooker yang sudah diolesi mentega. Campurkan mentega, tepung, garam, dan merica bersama-sama dalam panci di atas api sedang-kecil. Masukkan susu sedikit demi sedikit hingga tidak ada gumpalan. Panaskan dan aduk hingga mendidih dan mengental. Tambahkan keju hingga meleleh. Tempatkan potongan kentang dalam panci; tuangkan saus keju di atasnya. Tutup dan masak selama 5-7 jam.
2. Melayani 4.

Daging babi perkebunan

BAHAN-BAHAN

- 4 daging babi, pinggang (tebal 1 sampai 1 1/2 inci)
- 1 sendok makan pecan cincang halus
- 1 1/2 atau 2 cangkir isian roti jagung yang sudah disiapkan
- garam
- Merica
- 2 sendok mentega cair
- 1/4 cangkir sirup jagung ringan
- 1/3 cangkir jus jeruk
- 1/2 sendok teh kulit jeruk, parut

PERSIAPAN

1. Dengan pisau tajam, potong kantong di dalam setiap koma untuk membentuk kantong isian. Campurkan isian mentega, 1/4 sendok teh garam, jus jeruk, dan pecan. Isi kantong dengan isian.
2. Taburi daging babi dengan garam dan merica; masukkan ke dalam slow cooker. Olesi dengan sirup jagung dan campuran kulit jeruk. Dinginkan campuran sirup jagung yang tersisa. Tutup dan didihkan dengan api kecil selama 6-8 jam.
3. Kembalikan kontrol ke tinggi, olesi lagi iga dengan sirup jagung dan campuran kulit jeruk, dan masak lagi selama 30-45 menit.
4. Melayani 4.

Daging babi dan nasi yang enak

BAHAN-BAHAN

- 1 sampai 1 1/2 pon irisan daging babi, tebalnya sekitar 1/2 inci
- 1 bawang sedang, cincang
- 1 siung besar bawang putih, cincang
- 1/2 cangkir tepung
- 1 sendok makan minyak zaitun
- garam dan merica
- 1 1/4 cangkir nasi, dimasak
- 2 sendok teh peterseli kering
- 1 3/4 cangkir kaldu ayam
- 1 1/2 cangkir kacang polong beku (atau kemasan 10 ons), opsional

PERSIAPAN

1. Lapisi potongan daging babi dengan tepung. Dalam wajan besar di atas api sedang, kecokelatan iga dalam minyak, taburi sedikit dengan garam dan merica. Tambahkan bawang cincang dan bawang putih cincang; lanjutkan memasak sampai bawang layu. Masukkan nasi ke dalam slow cooker/cooker, taburi peterseli, lalu tambahkan campuran daging babi dan bawang. Tuang kaldu ayam ke dalam wajan panas dan aduk untuk melelehkan potongan emas. Tuang daging babi dan nasi ke dalam slow cooker / casserole.
2. Tutup dan didihkan dengan api kecil selama 6-8 jam. Jika mau, tambahkan kacang polong beku (dicairkan - saya masukkan ke dalam air panas) selama setengah jam terakhir.
3. Porsi 4 sampai 6.

Daging babi dan kacang mete

BAHAN-BAHAN

- 1 1/2 kg daging babi tanpa lemak - potong tipis-tipis
- 1 sendok makan kecap
- minyak kacang atau minyak sayur lainnya
- 5 siung bawang putih cincang
- 1/4 cangkir gula merah
- 1 sampai 1 1/2 cangkir kacang mete panggang
- nasi panas

PERSIAPAN

1. Tutupi potongan daging dengan kecap, diamkan selama 10 menit. Atur Crockpot ke TINGGI. Tambahkan sedikit minyak ke dalam wajan berat dengan api besar; goreng daging babi sampai kecoklatan. Pindahkan daging babi ke panci. Tambahkan bawang putih. Taburi dengan gula merah, tutup dan masak dengan TINGGI selama 2-3 jam atau dengan RENDAH selama 4-7 jam. Tambahkan kacang mete 30 menit sebelum disajikan. Sajikan dengan nasi panas.
2. Menyajikan 6.

Babi cabai

BAHAN-BAHAN

- 2 sampai 2 1/2 pon daging babi tanpa lemak atau bahu babi, potong dadu berukuran 1 inci
- 2 sendok makan minyak sayur
- 1 besar (28 oz) tomat potong dadu dalam jus
- 1 kaleng (16 ons) biji cabai, tidak dikeringkan
- 1 kaleng (8 ons) saus tomat
- 1/2 cangkir saus
- 1/2 cangkir bawang cincang
- 1 paprika kecil, cincang
- 1 sendok makan bubuk cabai
- cincang jalapeno atau cabai lainnya, secukupnya (opsional)
- 1 siung bawang putih cincang
- Garam dan merica secukupnya
- 1/4 sendok teh cabai rawit, atau sesuai selera

PERSIAPAN

1. Dalam wajan besar, goreng potongan daging babi dalam minyak panas dengan api sedang. Tiriskan. Tempatkan daging babi di dalam panci; tambahkan sisa bahan. Tutup dan didihkan dengan api kecil selama 8-10 jam.
2. Porsi 8 sampai 10.
3. Baik dengan roti jagung atau kerupuk.

Makan malam daging babi dengan sayuran

BAHAN-BAHAN

- 6 potong daging babi, potong setebal 1 inci
- 2 sendok makan kanola atau minyak zaitun
- 2 kaleng (masing-masing sekitar 15 ons) cincang dan tiriskan kacang hijau
- 1 kaleng (12 ons) jagung utuh
- 1 sendok makan bawang bombay cincang halus
- 1 sendok teh saus Worcestershire
- 1 sendok teh garam
- 1/4 sendok teh lada
- 2 sendok tepung maizena
- 1 kaleng (8 ons) saus tomat

PERSIAPAN

1. Goreng daging babi dalam kanola atau minyak zaitun dalam wajan.
2. Tempatkan kacang hijau, jagung, dan iga babi goreng di dalam panci. Tambahkan bawang cincang, saus Worcestershire, garam dan merica.
3. Campur tepung maizena dan sedikit saus tomat. Tambahkan campuran tepung maizena dan saus tomat yang tersisa di atas kompor; aduk untuk menggabungkan bahan.
4. Tutup dan masak selama 6-8 jam.
5. Menyajikan 6.

Daging babi tertinggi

BAHAN-BAHAN

-
- 1 bawang besar, iris
- 4 sampai 6 kentang ukuran sedang, kupas dan iris
- 1 kaleng (10 3/4 ons) krim kental sup jamur
- 4 sampai 6 daging babi, tanpa tulang atau dengan tulang
- Garam dan merica secukupnya

PERSIAPAN

1. Semprotkan sedikit slow cooker dengan semprotan masak antilengket yang dibumbui dengan mentega atau bawang putih.
2. Tempatkan bawang dan kentang di bagian bawah slow cooker.
3. Isi daging babi, garam dan merica, tuangkan sup di atas iga.
4. Masak dengan api kecil selama 6-8 jam, hingga lunak.
5.
   Porsi 4 sampai 6.

Daging babi isi

BAHAN-BAHAN

- 1 kotak, kira-kira 6 ons, campuran isian berbumbu
- 4 sendok mentega
- 1/2 cangkir bawang cincang
- 1/2 cangkir seledri cincang
- 1/2 cangkir wortel potong dadu, sesuai keinginan
- 1 sendok makan peterseli segar cincang atau 1 sendok teh peterseli kering
- 1 cangkir kaldu ayam
- 1/2 sendok teh garam
- 1 cangkir cranberry kering, sesuai keinginan
- 1 daging babi panggang tanpa tulang, sekitar 2 sampai 3 pon
-

••• Pork Gosok •••

- 1 sendok gula merah
- 1 sendok teh campuran bumbu Creole
- 1/2 sendok teh garam
- Sejumput lada hitam
- 1/2 sendok teh bubuk bawang putih
-

1/2 sendok teh paprika manis

PERSIAPAN

1. Olesi slow cooker berukuran 5 hingga 6 liter.
2. Tempatkan isian dalam mangkuk besar.
3. Dalam wajan atau wajan, tumis bawang bombay, seledri, dan wortel dengan mentega di atas api sedang-kecil sampai lunak. Tambahkan campuran bawang ke campuran isian. Tambahkan peterseli, kaldu ayam, 1/2 sendok teh garam, dan cranberry kering; campur dengan baik.
4. Tuang campuran isian ke dalam slow cooker.
5. Campurkan bahan gosok dan gosokkan pada babi panggang. Tempatkan daging babi dalam campuran isian.
6. Tutup dan masak dengan RENDAH selama 7-9 jam, atau sampai daging babi matang.
7.
    Porsi 4 sampai 6.

Babi Marengo

BAHAN-BAHAN

- 2 pon daging babi atau steak babi tanpa tulang, potong dadu berukuran 1 inci

- 1 bawang sedang, cincang

- 2 sendok makan minyak sayur

- 1 kaleng tomat potong dadu (14,5 ons)

- 1 kubus atau butir kaldu ayam

- 3/4 sendok teh daun kemangi

- 1 sendok teh garam

- 1/2 sendok teh daun thyme kering

- 1/4 sendok teh lada hitam bubuk

- 1 kaleng (4 ons) irisan jamur, tiriskan, atau gunakan sekitar 8 ons jamur tumis segar

- 1/2 gelas air dingin

- 3 sendok tepung

PERSIAPAN

1. Campurkan daging babi dan bawang; kopi dalam wajan dalam minyak mendidih. Tiriskan lemaknya. Pindahkan daging babi dan bawang ke dalam panci. Campurkan tomat, kaldu, kemangi, garam, timi, dan merica dalam wajan yang sama, aduk dan kikis untuk mendapatkan potongan emas. Tuang daging babi dan bawang ke dalam panci. Tutup dan masak dengan suhu RENDAH selama 8-10 jam. Di akhir waktu memasak, putar ke TINGGI dan aduk jamur. Campurkan air dingin dan tepung sampai halus; tambahkan ke campuran daging babi dalam panci.
2. Masak tanpa ditutup sampai saus mengental. Aduk sesekali agar tidak lengket. Agar lebih cepat mengental, masukkan cairan ke dalam panci dan tambahkan campuran tepung dan air, aduk dan didihkan di atas api hingga mengental. Sajikan di atas nasi kukus panas.
3. Melayani 8.

Tenderloin Babi Kreol

BAHAN-BAHAN

- 2 tenderloin babi kecil sampai sedang, kira-kira 1 1/2 sampai 2 pon
- 1/2 cangkir tepung serbaguna, untuk taburan
- 1 sendok makan saus kreol
- 1 bawang bombay kecil, cincang kasar
- 1 paprika hijau atau merah kecil (atau kombinasi), cincang kasar
- 1 batang seledri potong-potong
- 1 bungkus saus ayam campur
- 1 kaleng (14,5 ons) potong dadu tomat, jangan ditiriskan

PERSIAPAN

1. Potong fillet menjadi dua; mengeruk dalam campuran tepung dan saus Creole.
2. Masukkan fillet ke dalam slow cooker.
3. Tuang bawang bombay, merica, dan seledri di atas daging babi.
4. Tutup dan masak dengan suhu RENDAH selama 7-9 jam.
5. 30 menit terakhir, tambahkan campuran kaldu kering dan tomat. Lanjutkan memasak dengan daya maksimum selama 30 menit lagi.

Fillet daging babi dengan isian buah

BAHAN-BAHAN

- 1 paket (sekitar 1 1/2 paun) daging babi tenderloin

- 3 cangkir campuran isian kemasan (sekitar 10-12 ons)
- 2 sendok makan serpih seledri kering atau 1 batang seledri, cincang
- 1 sendok makan serpihan bawang kering, atau 1 bawang bombay kecil, dicincang
- 1/3 cangkir aprikot kering cincang halus
- 1 buah apel, kupas, potong dan parut halus
- 3/4 gelas air panas
- 1 kaleng krim seledri bebas lemak 98%.
-

2 sendok makan mentega cair

PERSIAPAN

1. Iris pinggang babi setebal 1 1/2 inci; atur dalam Crock Pot 3 1/2 atau lebih besar.
2. Dalam mangkuk, campurkan sisa bahan; sendok di atas irisan daging babi. Tutup dan didihkan dengan api kecil selama 7-9 jam.
3. Porsi 4 sampai 6.

Fillet babi dengan paprika

BAHAN-BAHAN

- 1 1/2 sampai 2 pon tenderloin babi, tanpa lemak yang terlihat, potong dadu
- 3-4 sendok makan tepung serbaguna
- 1 sendok makan paprika
- 1/4 sendok teh garam
- 1/4 sendok teh lada
- 1 bawang sedang, cincang kasar
- 1 paprika hijau, cincang kasar
- 2 siung besar bawang putih, dihaluskan dan dicincang
- 1 cangkir kaldu ayam kental (atau gunakan 2 kubus kaldu atau kaldu ayam yang setara dalam 1 cangkir air panas)
- 3 sendok makan cuka anggur merah atau cuka sari
- 3 sendok pasta tomat
- 1/2 cangkir krim asam
- garam dan lada hitam yang baru digiling, secukupnya

PERSIAPAN

1. Dalam kantong plastik, campur daging babi dengan tepung, paprika, garam dan merica.
2. Potong paprika hijau dan bawang putih dan tambahkan ke slow cooker 3 1/2 liter atau lebih besar.

3. Dalam mangkuk terpisah atau gelas takar 2 cangkir, campurkan kaldu, cuka, dan pasta tomat; untuk mengesampingkan.
4. Panaskan minyak zaitun dalam wajan besar di atas api sedang-tinggi. Tambahkan daging babi giling dan bawang cincang. Kopi dengan cepat; pindahkan ke slow cooker.
5. Tuang sup ke dalam wajan panas; kikis bagian bawah untuk mendapatkan potongan emas, lalu tuangkan campuran panas ke atas campuran daging babi.
6. Campur adonan dengan baik.
7. Tutup dan didihkan dengan api kecil selama 7-9 jam. Tambahkan krim asam 15 menit sebelum disajikan.
8. Porsi 4 sampai 6.

Daging babi tenderloin dan ubi jalar

BAHAN-BAHAN

- 1 1/2 pon tenderloin babi, potong setebal 3/4 inci
- 3 cangkir ubi jalar kupas dan iris
- 1/2 cangkir bawang cincang
- 1/2 cangkir paprika hijau cincang
- 1 kaleng (14,5 ons) potong dadu tomat
- 2 sendok gula merah
- 1/2 sendok teh kayu manis
- 1 sendok teh serpihan peterseli kering, sesuai keinginan
-

1/8 sendok teh lada hitam

PERSIAPAN

1. Semprotkan panci dengan semprotan memasak atau sedikit minyak. Campur daging babi, ubi jalar, bawang merah dan paprika hijau. Campurkan tomat dengan gula merah, kayu manis, peterseli, dan lada hitam; tuangkan campuran daging babi ke dalam slow cooker. Tutup dan didihkan dengan api kecil selama 8-10 jam. Aduk hingga tercampur sebelum disajikan.
2. Porsi 4 sampai 6.

Kraut 'N Apel Polandia

BAHAN-BAHAN

- 16 ons asinan kubis, tas atau kaleng
- 1 pon kielbasa atau sosis asap
- 3 buah apel masak, kupas, buang bijinya, dan iris
- 1/2 cangkir gula merah kemasan
- 3/4 sendok teh garam
- 1/8 sendok teh lada
- 1/2 sendok teh biji jintan, sesuai keinginan
- 2/3 cangkir jus apel atau sari apel

PERSIAPAN

1. Bilas asinan kubis; tiriskan dan peras. Tempatkan setengah dari sauerkraut dalam slow cooker.
2. Potong sosis menjadi panjang 2 inci. Tempatkan dalam slow cooker. Lanjutkan melapisi apel, gula merah, garam dan merica di dalam slow cooker. Taburi dengan biji jintan jika menggunakan. Taburi dengan asinan kubis yang tersisa. Tambahkan jus apel. Jangan mengaduk campuran.
3. Tutup dan masak dengan suhu tinggi selama 3-3-1/2 jam atau rendah selama 6-7 jam, atau sampai apel empuk.
4. Aduk sebelum disajikan.
5. Melayani 4.

Daging babi dengan sayuran Cina

BAHAN-BAHAN

- 1 hingga 1 1/2 pon daging babi tanpa lemak potong dadu
- 1/2 cangkir bawang cincang
- 2 kaleng (masing-masing 4 ons) jamur, tiriskan
- 1 paprika hijau dipotong-potong
- 1 kaleng kastanye air yang sudah dikeringkan
- 1 sendok teh jahe bubuk
- 1 cangkir kaldu ayam
- 1 sendok makan kecap
- Garam dan merica secukupnya
- 16 ons sayuran Cina beku, dicairkan
- 3 sendok makan tepung maizena
- 3 sendok air

PERSIAPAN

1. Cokelat daging babi dan campur dalam slow cooker/pot dengan 8 bahan berikutnya. Tutup dan didihkan dengan api kecil selama 8-10 jam atau panas tinggi selama 4-5 jam. Sekitar 45 menit sebelum disajikan, matikan api dan tambahkan sayuran. Campurkan tepung maizena dan air dan tambahkan ke slow cooker; campur dengan baik. Lanjutkan memasak sampai sayuran mengental. Sajikan di atas pasta atau nasi.
2. Porsi 4 sampai 6.

Daging Babi Abracadabra

BAHAN-BAHAN

- daging babi, tebal 4 sampai 8, 3/4 sampai 1 inci
- garam dan merica
- 1 10-3/4 ons. bisa krim sup jamur
- 1 10-3/4 ons. kaleng krim sup ayam
- 1 10-3/4 ons. bisa soto ayam dan nasi
-
1 1/2 cangkir saus barbekyu, favorit Anda

PERSIAPAN

1. Goreng iga babi dalam wajan besar dan bumbui dengan garam dan merica. Masukkan daging babi ke dalam slow cooker dengan semua kaldu dan saus barbekyu; tutup dan didihkan dengan api kecil selama 7-9 jam.

Saya memotong daging babi di casserole

BAHAN-BAHAN

- 1/3 cangkir tepung
- 1 sendok teh garam
- 1/2 sendok teh garam bawang putih
- 1 sendok teh mustard kering
- 4-6 daging babi tanpa lemak
- 2 sendok minyak
- 1 toples krim kental sup ayam atau sup kental serupa (krim seledri, krim jamur, dll.)

PERSIAPAN

1. Campur tepung, garam, mustard dan garam bawang putih dan atur iga dengan campuran tersebut. Panaskan minyak dalam wajan dan goreng iga di kedua sisi. Masukkan daging ke dalam slow cooker dan tambahkan sup. Masak rendah selama 6-8 jam atau tinggi selama 3-4 jam. Anda bisa menambahkan lebih banyak kaldu jika ingin lebih banyak kuah. Baik untuk nasi atau mie.

Saya memotong babi romantis

BAHAN-BAHAN

- 4 sampai 6 daging babi, bertulang atau tanpa tulang
- Tepung
- garam dan merica
- 1/4 cangkir (atau kurang) minyak zaitun extra virgin atau minyak sayur
- 1 bawang besar, iris
- 2 kubus atau butiran atau bahan dasar kaldu ayam yang setara
- 2 gelas air panas
- 8 ons. krim asam (bebas lemak baik-baik saja)

PERSIAPAN

1. Sesuaikan daging babi sesuai selera dan taburi dengan tepung. Dalam wajan atau wajan, goreng sedikit minyak dan masukkan ke dalam slow cooker; hiasi dengan irisan bawang.
2. Larutkan atau lunakkan cairan dalam air panas dan tuangkan ke atas iga.
3. Masak dengan api kecil selama 7-8 jam.
4. Setelah daging babi matang, campurkan 2 sendok makan tepung ke dalam krim asam; campur dengan saus masakan. (Ini tidak perlu tercampur sempurna dengan cairan, tetapi jangan menuangkannya juga.)
5. Nyalakan slow cooker selama 15 hingga 30 menit atau hingga cairan sedikit mengental.
6. Sajikan dengan nasi, pasta, atau kentang pilihan Anda. Saus yogurtnya enak!
7. Porsi 4 sampai 6.

Daging babi dan isian cranberry

BAHAN-BAHAN

- 4 sampai 6 kentang ukuran sedang, kupas dan iris tebal
- 4 sampai 6 daging babi tanpa tulang
- 1 paket (6 ons) campuran isian blueberry (atau tambahkan sekitar 1/4 cangkir cranberry kering ke dalam campuran isian rasa herbal)
- 1 gelas air panas
- 1 sendok makan mentega lunak
- Garam dan merica secukupnya

PERSIAPAN

1. Tempatkan kentang dalam slow cooker berukuran 3 1/2 inci atau lebih besar; taburi sedikit dengan garam dan merica. Hiasi dengan daging babi; taburi sedikit dengan garam dan merica. Campurkan isian dengan 1 cangkir air panas dan 1 sendok makan mentega lunak. Tuang di atas potongan daging babi. Tutup dan didihkan dengan api kecil selama 7-9 jam.
2. Porsi 4 sampai 6.

Daging Babi - Panci Kuali

BAHAN-BAHAN

- 6 sampai 8 daging babi tanpa lemak - setebal 1 inci, tanpa tulang atau dengan tulang
- 1/3 cangkir tepung
- 1 sendok teh mustard kering
- 1/2 sendok teh bubuk bawang putih
- 1 sendok teh garam
- 2 sendok minyak
- 1 kaleng (10 3/4 ons) krim sup jamur murni

PERSIAPAN

1. Potong tulang rusuk. Dalam mangkuk, campurkan tepung, mustard, bubuk bawang putih dan garam. Lapisi daging babi dengan bahan kering. Panaskan minyak dalam wajan; kecokelatan daging babi dengan baik di kedua sisi. Masukkan iga goreng ke dalam slow cooker. Tambahkan kaldu dan masak dengan api kecil selama 6 hingga 8 jam atau panas tinggi selama 3 hingga 4 jam.
2. Porsi 6 sampai 8.

Daging babi (panci)

BAHAN-BAHAN

- 6 sampai 8 potong daging babi tanpa lemak, setebal 1 inci
- 1/2 cangkir tepung serbaguna
- 2 sendok teh garam
- 1 (10 ons) kaleng sup ayam dan nasi atau sup ayam dan nasi
- 1 1/2 sendok teh mustard kering
- 1/2 sendok teh bubuk bawang putih
-

2 sendok minyak sayur

PERSIAPAN

1. Lapisi daging babi dengan campuran tepung, garam, mustard kering, dan bubuk bawang putih. Goreng dalam minyak panas dalam wajan, goreng di kedua sisi. Masukkan daging babi goreng ke dalam panci. Tambahkan sup ayam dan nasi. Tutup dan masak dengan api kecil selama 6-8 jam atau panas tinggi selama 3-4 jam.
2. Porsi 6 sampai 8.

Daging babi di dalam panci

BAHAN-BAHAN

- 1/2 cangkir bawang cincang
- 2 sendok minyak sayur
- 1 siung bawang putih kecil, cincang
- 2 sendok teh saus Worcestershire
- 1/2 sendok teh bubuk cabai
- 1/2 gelas air
- 3/4 cangkir saus tomat
- Garam dan merica
- 6 sampai 8 potong daging babi, dipangkas, bertulang atau bertulang

PERSIAPAN

1. Goreng bawang dalam minyak sampai berwarna cokelat keemasan. Tambahkan bawang putih, saus Worcestershire, bubuk cabai, air, saus tomat, garam dan merica. Tutup dan didihkan saus selama sekitar 10 menit. Tempatkan daging babi dalam pot tanah liat; tuangkan saus di atas daging babi. Tutup dan masak selama 7-9 jam dengan api kecil. Sajikan panas.
2. Porsi 6 sampai 8.

Daging babi dengan apel

BAHAN-BAHAN

- 6 potong daging babi, setebal kira-kira 1 inci, dipotong dari lemak yang terlihat
- 2 sendok makan minyak sayur
- garam
- 6 apel asam, seperti Granny Smith, buang bijinya dan iris tebal
- 1/4 cangkir kismis atau kismis, seperti yang diinginkan
- 1 sendok makan jus lemon
- 1/4 cangkir gula merah

PERSIAPAN

1. Masak iga dalam minyak dengan api sedang. Taburi dengan garam. Tempatkan daging babi dalam slow cooker / casserole; tambahkan bahan lainnya dan tuangkan di atas iga babi. Tutup dan masak dengan api kecil selama 7-9 jam atau panas tinggi selama 3-4 jam.
2. Menyajikan 6.

Daging babi dan kentang

BAHAN-BAHAN

- 6 potong daging babi tanpa tulang, kira-kira setebal 1 inci
- 2 sendok makan minyak sayur
- 1 kaleng (10 3/4 ons) krim kental sup jamur
- 1/4 cangkir air atau kaldu ayam
- 1/4 cangkir mustard Bold 'n Spicy atau mustard Dijon
- 1/2 sendok teh daun thyme kering dan dihaluskan
- 1/4 sendok teh bubuk bawang putih
- 1/4 sendok teh lada hitam
- 5 sampai 6 kentang sedang, iris setebal 1/4 inci
- 1 bawang besar, iris

PERSIAPAN

1. Dalam wajan, panaskan minyak dengan api sedang; daging babi digoreng di kedua sisi. Tiriskan kelebihan lemak. Dalam slow cooker berukuran 3 1/2 atau lebih besar, campurkan krim sup jamur, kaldu ayam, mustard, timi, bawang putih, dan lada. Tambahkan kentang dan bawang bombay, aduk perlahan agar terlapisi saus. Tempatkan daging babi goreng di atas campuran kentang. Tutup dan masak dengan RENDAH selama 8-10 jam atau TINGGI selama 4-5 jam.

Daging babi dengan saus jeruk dan cranberry

BAHAN-BAHAN

- 1 bawang besar, dibelah dua dan diiris
- 1 pinggang babi tanpa tulang, dipotong dari lemak berlebih
- Garam dan merica
- Jus 1 buah jeruk, kira-kira 4-5 sendok makan jus
- 1 toples (sekitar 10 ons) selai cranberry, sekitar 1 cangkir

PERSIAPAN

1. Tempatkan irisan bawang di bagian bawah sisipan wajan. Tempatkan daging babi di atas irisan bawang dan taburi dengan garam dan merica. Jika daging babi besar, potong menjadi 2 atau 3 bagian. Dengan garpu tajam atau tusuk sate, peras seluruh pinggang babi. Gerimis dengan jus jeruk lalu olesi saus cranberry di atas daging babi.
2. Tutup dan masak dengan RENDAH selama 8-10 jam atau TINGGI selama 4-5 jam.
3. Menyajikan 6.

Daging babi pinggang dengan labu dan ubi jalar

BAHAN-BAHAN

- 1 babi panggang segar

- 3 wortel kupas dan iris

- 3 buah labu kuning potong-potong

- 3 ubi jalar, kupas dan iris

-

2 cangkir jus jeruk

PERSIAPAN

1. Masukkan daging babi ke dalam panci, atur sayuran di sekitar daging panggang dan tuangkan jus jeruk.
2. Masak dengan api kecil selama 7-9 jam, sampai daging babi matang.

Daging babi dengan saus mustar jeruk

BAHAN-BAHAN

- 6 potong daging babi tanpa tulang, irisan daging babi atau daging babi potong dadu, kira-kira 2 kg

- 1/2 sampai 1 cangkir daun bawang, iris, hijau

- 1 sendok minyak

- 1/2 cangkir jus jeruk

- 1 1/2 sendok kecap

- 1 sendok makan mustard Dijon

- 1 1/2 sendok teh madu

- 1/2 sendok teh bubuk bawang putih

- Lada hitam tumbuk

PERSIAPAN

1. Dalam wajan besar, goreng potongan daging babi atau potongan daging babi di kedua sisinya dengan minyak. Masukkan daging ke dalam slow cooker dan taburi dengan irisan daun bawang. Campur bahan yang tersisa dan tuangkan di atas iga atau daging babi. Tutup dan masak selama 7-9 jam.
2. Porsi 4 sampai 6.

Babi panggang dengan ubi jalar

BAHAN-BAHAN

- 1 daging babi panggang tanpa tulang, sekitar 3-4 kilogram
- 2 atau 3 ubi jalar besar
- 1 paprika hijau
- 1/2 cangkir sari apel
- 3 sendok gula merah
- 1 sendok teh kayu manis
- Garam dan merica secukupnya

PERSIAPAN

1. Masukkan daging babi ke dalam slow cooker. Potong kentang dan paprika hijau menjadi potongan besar dan tambahkan. Campur bahan lainnya dan tuangkan semuanya; masak sepanjang hari pada suhu rendah atau sekitar 4 jam pada suhu tinggi. Sajikan dengan nasi. Jika diinginkan, gunakan campuran tepung maizena dan air untuk mengentalkan saus.
2. Porsi 4 sampai 6.

Casserole Enchilada Babi

BAHAN-BAHAN

- 2 sampai 3 pon daging babi panggang tanpa tulang, dikuliti, potong dadu berukuran 1/2 sampai 3/4 inci
- 2 sendok makan minyak sayur
- 1 kaleng tomat potong dadu
- 7-12 ons cabai hijau potong dadu
- 2 paprika jalapeno, iris dan potong dadu, atau sesuai selera
- 2 siung bawang putih, cincang dan cincang
- Garam secukupnya
- 1/4 sendok teh lada
- 1/2 sendok teh jintan bubuk
- 2 cangkir Jack, Cheddar, campuran Meksiko, atau jalapeños cincang
- 1/2 cangkir saus salsa atau enchilada
- 6-8 tortilla jagung

PERSIAPAN

1. Dalam wajan besar di atas api sedang-tinggi, segera kecokelatan potongan daging babi dalam minyak. Tiriskan dan pindahkan ke slow cooker. Tambahkan tomat, cabai, paprika, bawang putih, garam, dan jinten yang telah dipotong dadu. Tutup dan masak dengan api kecil selama 7 hingga 9 jam; tambahkan 1 1/2 cangkir keju dalam 45 menit terakhir.
2. Dalam panci 2 liter, tuangkan campuran daging babi secukupnya untuk menutupi bagian bawah. Taburi dengan 2 atau 3 tortilla, lalu lebih banyak campuran daging babi.
3. Ulangi sampai daging babi dan tortilla digunakan, diakhiri dengan daging babi. Taburkan sisa keju di atasnya dan tuangkan saus di atas keju.
4. Panggang dengan suhu 350 derajat selama 20-30 menit.
5. Menyajikan 6.

Iga babi gaya pedesaan

BAHAN-BAHAN

- 2 atau 3 pon daging babi gaya pedesaan

- 1 cangkir saus tomat

- 8 ons cola - Coke, Dr. Lada, dll.

PERSIAPAN

1. Campurkan saus tomat dan cola.
2. Tempatkan daging babi gaya pedesaan di slow cooker.
3. Tuang campuran cola di atas iga. Tutup dan masak selama 2 jam pada TINGGI, lalu masak selama 3 hingga 4 jam pada RENDAH. Sikat sesekali jika diinginkan.
4. Porsi 6 sampai 8.

Iga babi dan sauerkraut

BAHAN-BAHAN

- 1 kg sauerkraut segar (dalam kantong), dibilas dan dikeringkan dengan baik
- 1 bawang potong dadu
- 1 kaleng (14,5 ons) tomat Italia kalengan
- 1/2 cangkir gula merah tua kemasan
- 3 pon. iga babi gaya pedesaan dipotong menjadi beberapa bagian
- taburan biji seledri

PERSIAPAN

1. Dalam slow cooker, masukkan semua bahan, dimulai dengan sauerkraut dan diakhiri dengan daging babi, dengan sisi tulang menghadap ke atas. Tutup dan didihkan dengan api kecil selama 8-10 jam.

Daging babi dan asinan kubis

BAHAN-BAHAN

- 2 pound. babi tanpa tulang
- 1 paket. Sup Bawang Lipton
- 3 sendok makan adas segar cincang atau 2-3 sendok teh adas kering
- 1 siung bawang putih cincang
- 1 sendok teh. biji jintan
- 1 kaleng (10 3/4 ons) kental, kuah murni, atau 1 1/2 cangkir kuah kental
- 3 sendok makan. paprika
- 1 1/2 sampai 2 pon asinan kubis, tiriskan
- 3-4 cangkir krim asam

PERSIAPAN

1. Sehari sebelumnya: buang lemak dari daging; Potong daging menjadi potongan berukuran 2 inci. Dalam slow cooker,

campurkan daging babi, bawang bombay, dill, bawang putih, jinten, dan kaldu sapi. Masak dengan api kecil selama 4-6 jam; dinginkan semalaman, lalu singkirkan lemak dari bagian atas sebelum melanjutkan. Larutkan paprika dalam 1 cangkir kaldu babi panas; tambahkan kembali ke daging babi bersama dengan sauerkraut. Tutup dan didihkan selama 6-8 jam lagi atau sampai daging empuk, atau didihkan selama sekitar 1 jam.
2. Aduk saus asam. Sajikan dengan kentang tumbuk.

Casserole daging babi, asinan kubis, dan jelai

BAHAN-BAHAN

- 2 pon. babi tanpa tulang
- 1 paket. Sup Bawang Lipton
- 3 sendok makan adas segar cincang atau 2-3 sendok teh adas kering
- 1 siung bawang putih cincang
- 1 sendok teh. biji jintan
- 1 kaleng (10 3/4 ons) kental, kuah murni, atau 1 1/2 cangkir kuah kental
- 3 sendok makan. paprika
- 1 1/2 sampai 2 pon asinan kubis, tiriskan
-

3-4 cangkir krim asam

PERSIAPAN

1. Sehari sebelumnya: buang lemak dari daging; Potong daging menjadi potongan berukuran 2 inci. Dalam slow cooker, campurkan daging babi, bawang bombay, dill, bawang putih, jinten, dan kaldu sapi. Masak dengan api kecil selama 4-6 jam; dinginkan semalaman, lalu singkirkan lemak dari bagian atas sebelum melanjutkan. Larutkan paprika dalam 1 cangkir kaldu babi panas; tambahkan kembali ke daging babi bersama dengan sauerkraut. Tutup dan didihkan selama 6-8 jam lagi atau sampai daging empuk, atau didihkan selama sekitar 1 jam.
2. Aduk saus asam. Sajikan dengan kentang tumbuk.

Steak babi dalam casserole

BAHAN-BAHAN

- 1 1/2 pon steak babi, potong-potong
- 2 sdm. minyak sayur
- 1 cangkir bawang cincang
- 1 paprika hijau kecil, cincang
- 1 (4 ons) kaleng jamur, tiriskan
- 8 ons. bisa kecap?
- 3 sendok makan. gula merah
- 1 1/2 sdm. CUKA
- 1 1/2 sdt. garam
- 2 sdm. saus Worcestershire

PERSIAPAN

1. Goreng daging babi dalam minyak dalam wajan. Tiriskan di atas kertas penyerap jika diinginkan. Masukkan potongan daging babi dan bahan lainnya ke dalam slow cooker. Tutup dan masak dengan RENDAH selama 6-8 jam pada TINGGI selama 3-4 jam. Sajikan di atas pasta atau nasi.
2. Porsi 4 sampai 6.

Rebusan daging babi dengan jus apel

BAHAN-BAHAN

- 1 1/2 sampai 2 pon bahu babi, lemak dibuang dan dipotong dadu berukuran 1 inci
- 2 sampai 3 cangkir kentang potong dadu, kira-kira 2 1/2 sampai 3 pon
- 2 buah wortel berukuran sedang hingga besar, diiris setebal 1/2 inci
- 1 cangkir bawang cincang
- 1 buah apel asam berukuran besar, seperti Granny Smith, kupas, buang bijinya, dan potong dadu
- 1/2 cangkir seledri cincang
- 3 sendok makan tapioka masak cepat
- 2 gelas jus apel
- 1 sendok teh garam
- 1/4 sendok teh lada hitam bubuk

PERSIAPAN

1. Campurkan semua bahan dalam slow cooker. Tutup dan masak dengan RENDAH selama 9-10 jam atau TINGGI selama 4 1/2-5 jam.
2. Menyajikan 6.

• Tapioka digunakan untuk mengentalkan rebusan. Jika Anda tidak memiliki atau tidak bisa mendapatkan tapioka, campurkan 2 sendok makan tepung maizena dan 2 sendok makan air dingin dan tambahkan ke rebusan sekitar 30 menit sebelum habis.

Rebusan daging babi dengan ubi jalar

BAHAN-BAHAN

- 3 ubi jalar ukuran sedang, kupas dan potong dadu berukuran 1 1/2 inci
- 1 paprika hijau dipotong-potong
- 1 cangkir jagung utuh, beku
- 1 bawang bombay ukuran sedang, dibelah dua dan diiris tipis
- 2 siung besar bawang putih, cincang
- 1 1/2 pon bahu babi tanpa tulang, potong dadu berukuran 1 inci
- 1 sendok teh bubuk cabai
- 1/2 sendok teh ketumbar bubuk
- 1/2 sendok teh garam
- 2 gelas air
- 1 kaleng (10 ons) tomat Ro-Tel, potong dadu tomat dengan cabai hijau
- 1 cangkir kacang hijau beku cincang, dicairkan

PERSIAPAN

1. Masukkan ubi jalar, paprika, jagung, bawang merah, dan bawang putih ke dalam slow cooker. Tambahkan potongan

daging babi, bubuk cabai, ketumbar, dan garam. Tuangkan air dan tomat ke atas semuanya. Tutup dan masak dengan suhu RENDAH selama 7-8 jam. Tambahkan kacang hijau selama 20 menit terakhir.
2. Menyajikan 6.

Daging babi tenderloin dengan apel

BAHAN-BAHAN

- 2 tenderloin babi (total 1 1/2 sampai 2 pon)
- 1 bawang besar, dibelah dua dan dipotong menjadi irisan 1/4 inci
- 2 buah apel, kupas dan potong-potong besar
- 2 sendok makan jeli apel
- 1 sendok makan cuka
- garam dan lada hitam yang ditumbuk kasar secukupnya

PERSIAPAN

1. Campurkan semua bahan dalam slow cooker / panci kecil (babi coklat jika diinginkan). Tutup dan didihkan dengan api kecil selama 7-9 jam. Sajikan dengan nasi.
2. Porsi 4 sampai 6.

Rebusan daging babi dan tomat

BAHAN-BAHAN

- 2 kg iga atau pinggang babi tanpa tulang, dikuliti dan dipotong menjadi kubus yang sangat kecil
- garam dan merica
- 1/4 cangkir tepung
- 2 sendok minyak zaitun
- 1 1/2 cangkir seledri potong dadu
- 1 cangkir bawang cincang
- 2 siung bawang putih cincang
- 2 cangkir kaldu ayam
- 3 sampai 6 sendok makan jalapeno ring atau paprika cincang
- 1 cangkir wortel potong batang korek api
- 2 kentang ukuran sedang, potong dadu
- 1 kilo tomat, buang kulitnya, cuci bersih dan potong dadu
- 2 kaleng (masing-masing 14,5 ons) potong dadu tomat
- 1 sendok jintan tanah
- 2 sendok teh bubuk cabai
- sejumput oregano kering
- saus panas, secukupnya
- Garam dan merica secukupnya
- cincang ketumbar segar, jika diinginkan

PERSIAPAN

1. Taburi potongan daging babi dengan sedikit garam dan merica; campurkan tepung. Panaskan 2 sendok makan minyak zaitun dalam wajan besar; tambahkan daging babi dan tumis sampai kecoklatan; transfer ke slow cooker 5 hingga 6 liter. Di wajan yang sama, tambahkan sedikit minyak jika perlu, tumis seledri dan bawang bombay hingga empuk. Tambahkan bawang putih, kaldu ayam, dan jalapeno atau paprika manis, aduk dan kikis bagian emas dari dasar wajan.
2. Untuk mengesampingkan.
3. Sementara itu, masukkan wortel, kentang, dan tomat ke dalam slow cooker. Tuang di atas tomat, lalu tambahkan campuran bawang dan seledri dari wajan. Aduk untuk menggabungkan bahan-bahannya. Tutup dan masak pada TINGGI selama 3 jam atau pada RENDAH selama 6 jam. Tambahkan rempah-rempah. Masak selama 1 atau 2 jam lebih lama pada TINGGI atau sekitar 2 atau 3 jam lebih lama pada RENDAH. Cicipi dan sesuaikan bumbu. Sajikan dengan taburan ketumbar, jika diinginkan, dan roti jagung hangat.
4. Porsi 6 sampai 8.

Daging babi panggang

BAHAN-BahaN

- 4 siung bawang putih besar, dipotong-potong
- 1 ekor babi panggang, tanpa tulang, sekitar 4-5 kg
- 1 sendok teh garam
- 1 sendok teh daun thyme kering
- 1/2 sendok teh daun sage kering, dihaluskan
- 1/4 sendok teh daun rosemary kering, dihaluskan
- 1/4 sendok teh tarragon kering, hancur, seperti yang diinginkan
- sejumput cengkeh atau merica
- 1 sendok teh parutan kulit lemon, sesuai keinginan
- 1/3 cangkir air
- 3 sendok tepung maizena, sesuai keinginan
- 3 sendok air, sesuai keinginan

PERSIAPAN

1. Potong 16 kantong kecil di panggang dan masukkan irisan bawang putih. Dalam mangkuk kecil, campurkan garam, herba, dan kulit lemon. Oleskan campuran bumbu ke dalam loyang.
2. Tuang 1/2 gelas air ke dalam slow cooker; tambahkan kue. Tutup dan masak dengan suhu RENDAH selama 8-10 jam. Daging babi panggang harus membaca setidaknya 145° pada termometer yang dapat dibaca secara instan.
3. Jika diinginkan, kentalkan jus. Hapus panggang dari jus. Campurkan tepung maizena dengan 3 sendok makan air; aduk hingga rata, lalu tambahkan ke dalam kaldu.
4. Masak dengan TINGGI sampai mengental. Sajikan dengan babi panggang.
5. Melayani 8.

Pozole Jeff

BAHAN-BAHAN

- 1 bawang bombay cincang

- 1 pon daging babi tanpa lemak potong dadu berukuran 1 inci

- 2 siung bawang putih yang dihancurkan

- 1 (8 ons) kaleng saus tomat

- 2 (15 oz.) kaleng cabai, tanpa kacang

- 1 (29 ons) kaleng bubur jagung, yang telah dikeringkan

- 1 lembar daun salam

- 1 sendok teh. Dari ramuan kering apa pun. Oregano, kemangi, peterseli, dan jintan

- 1 sendok makan. Bubuk cabai

PERSIAPAN

1. Campurkan semua bahan dalam panci; tutup dan didihkan dengan api kecil selama 6 jam.

Iga merah yang dimasak

BAHAN-BAHAN

- 3/4 cangkir saus hoisin
- 3 sendok kecap
- 2 sendok makan sherry kering
- 1 sendok teh jahe bubuk
- 1 sendok makan madu
- 4 siung bawang putih cincang
- 1 sendok teh lada bubuk
- 2 sendok teh parutan kulit jeruk
- 1 buah cabai merah kecil, potong dan tumbuk, atau sekitar 1/2 sendok teh cabai merah tumbuk
- 1 ikat daun bawang, sekitar 6-8, diiris, dengan sayuran hijau
- 2 sampai 3 pon iga babi gaya pedesaan tanpa tulang, dipangkas

PERSIAPAN

1. Dalam mangkuk kecil, kocok saus hoisin, kecap, sherry, jahe, madu, bawang putih, merica, kulit jeruk, dan cabai rawit.
2. Tempatkan 1/3 bawang hijau dalam slow cooker berukuran 3 1/2 hingga 5 liter.
3. Tutupi dengan beberapa potongan daging babi dan tuangkan saus di atas daging.
4. Ulangi lapisan ini 2 kali lagi, akhiri dengan sisa saus.
5. Tutup dan masak dengan api kecil selama 9 sampai 10 jam atau sampai empuk.
6. Menyajikan 6.

saus babi

BAHAN-BAHAN

- Daging babi panggang tanpa tulang atau potongan bahu babi tanpa tulang
- saus segar
- garam dan merica

PERSIAPAN

1. Masukkan daging panggang ke dalam slow cooker. Tutupi dengan saus segar. Tambahkan bumbu tambahan secukupnya.
2. Masak dengan api kecil selama 6-8 jam, atau sampai daging panggang empuk.

Sosis Italia yang nakal

BAHAN-BAHAN

- 4 sampai 6 sosis Italia
- 2 sendok pasta tomat
- 1/2 sendok teh daun kemangi kering
- 1/2 sendok teh daun oregano kering
- 4 sampai 6 tomat ukuran sedang, potong dadu
- 2 bawang dibelah dua dan diiris
- 1 potong paprika hijau kecil
- sejumput cabai rawit, kurang lebih sesuai selera
- Garam dan merica secukupnya
- Mozzarella dipotong-potong, sesuai keinginan

PERSIAPAN

1. Dalam panci sedang, rebus sosis dalam air selama sekitar 20 menit; tiriskan dan pindahkan ke slow cooker / panci. Tambahkan sisa bahan. Tutup dan didihkan dengan api kecil selama 6-8 jam. Sajikan di atas roti kering atau atasnya dengan sesendok mozzarella dan letakkan di bawah panggangan sampai keju meleleh dan mendesis. Makanan lezat dengan campuran salad.
2. Resep sosis Italia menyajikan 4.

Filet dengan apel dan madu nakal

BAHAN-BAHAN

- 1 hingga 1 1/2 pon daging babi tenderloin
- 1 bawang sedang, cincang
- 1/2 cangkir apel kering atau aprikot cincang
- 1 paprika, cincang
- 1 paket Saus Campuran Negara (1 ons)
- 1/4 cangkir madu
- 1/3 cangkir air
- 3 sendok makan kecap rendah sodium
- 2 sendok makan sari atau cuka anggur
- 1 sendok teh bubuk bawang putih
- Garam dan merica secukupnya

PERSIAPAN

1. Tempatkan daging babi dalam slow cooker dengan bawang bombay, apel kering, dan paprika.
2. Campurkan sisa bahan; tuangkan di atas daging babi.
3. Tutup dan masak dengan api kecil selama 7-9 jam (3 1/2 hingga 4 1/2 jam tinggi).
4. Porsi 4 sampai 6.

www.ingramcontent.com/pod-product-compliance
Lightning Source LLC
Chambersburg PA
CBHW070411120526
44590CB00014B/1355